HÉROES CRISTIANOS DE AYER Y DE HOY

PASIÓN POR UN PUEBLO ABANDONADO

La vida de Samuel Zwemer

HÉROES CRISTIANOS DE AYER Y DE HOY

PASIÓN POR UN PUEBLO ABANDONADO

La vida de
Samuel Zwemer

JANET & GEOFF BENGE

EDITORIAL
JUCUM

P.O. Box 1138 Tyler, TX 75710-1138

Editorial JUCUM forma parte de Juventud con una Misión, una organización de carácter internacional.

Si desea un catálogo gratuito de nuestros libros y otros productos, solicítelos por escrito o por teléfono a:

Editorial JUCUM
P.O. Box 1138, Tyler, TX 75710-1138 U.S.A.
Correo electrónico: info@editorialjucum.com
Teléfono: (903) 882-4725
www.editorialjucum.com

Pasión por un pueblo abandonado: La vida de Samuel Zwemer

HÉROES CRISTIANOS DE AYER Y DE HOY
Biografías

Aventura fantástica
La vida de Gladys Aylward

Corazón Pionero
La vida de David Livingstone

Persecución en Holanda
La vida de Corrie ten Boom

La heroína voladora
La vida de Betty Greene

Un aventurero ilustrado
La vida de William Carey

Victoria sobre la venganza
La vida de Jacob DeShazer

La intrépida rescatadora
La vida de Amy Carmichael

Dietrich Bonhoeffer
En medio de la maldad

Odisea en Birmania
La vida de Adoniram Judson

Agente secreto de Dios,
La vida del hermano Andrés

Alma de Campeón
La vida de Eric Liddell

Esperanza en los Andes
La vida de Klaus-Dieter John

Padre de huérfanos
La vida de George Müller

Hazañas en el hielo
La vida de Wilfred Grenfel

Peligro en la selva
La vida de Nate Saint

Lottie Moon
Perseverancia y sacrificio

Peripecia en China
La vida de Hudson Taylor

Defensora de los desamparados
La vida de Elizabeth Fry

La audaz aventura
La vida de Mary Slessor

John Wesley
El mundo era su parroquia

Portador de esperanza
La vida de Cameron Townsend

Somos una familia
La vida de Charles Mulli

La tenacidad de una mujer
La vida de Ida Scudder

Precursor incansable
La vida de Conde Zinzendorf

Emboscada en Ecuador
La vida de Jim Elliot

Jamás derrotado
La vida de William Booth

Desafío para valientes
La vida de Loren Cunningham

El amor que vence
La vida de Richard Wurmbrand

C.S. Lewis
Un genio de la narración

Una estrella en la jungla
La vida de Rachel Saint

Valentía en el Nilo
La vida de Lillian Thrasher

Pasión por un pueblo abandonado
La vida de Samuel Zwemer

Arabia

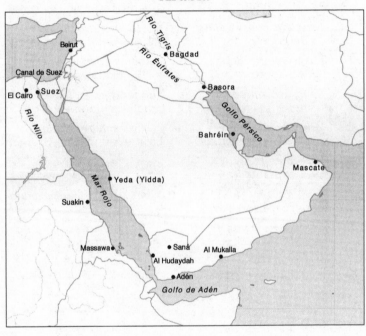

Índice

Capítulo 1

La muerte le miró a la cara

Los marineros se aferraron con un brazo al costado de la barca e intentaron achicar[1] agua con el otro. Todo, incluso el equipaje y la preciosa carga de Biblias en árabe, estaba empapado. Las olas eran enormes y amenazaban con hacer zozobrar la embarcación.

—Vamos a la orilla hasta que amaine[2] la tormenta. No podemos resistirla —gritó el capitán a las alas del viento. Sam dio un suspiro de alivio. No quería naufragar y en ese momento la tierra seca le pareció el lugar más seguro.

Sam observaba la espuma del agua mientras dos marineros bregaban con los remos para cambiar el rumbo de la barca. Emprendieron la difícil

---

1 Achicar: Extraer el agua de un dique, mina, embarcación.
2 Amainar, amaine: Dicho del viento: Aflojar, perder su fuerza.

tarea de remar hacia la orilla contra el viento y la corriente. Hasta que el fondo de la barca rozó la arena pareció transcurrir toda una eternidad. Los marineros saltaron de la embarcación y la arrastraron hasta la playa, nadando y dando trompicones. Pero la lucha exigía un esfuerzo denodado[3] por lo que Sam y Kamil —su compañero de viaje— se lanzaron al agua para ayudar. Trabajando en equipo se las arreglaron para arrastrar la barca a buen recaudo hasta la playa.

Sam tiritaba. Cuando inspeccionaron la desolada playa en que habían desembarcado, notó que el capitán estaba nervioso. Miraba insistentemente de un lado a otro como si esperara encontrar algo. Pero no había rastro de civilización por ninguna parte.

Cinco minutos después, mientras Sam estaba acurrucado junto a la barca para protegerse de la tempestad, dos beduinos[4] con largas flechas y lanzas irrumpieron en la playa. Su aparición fue tan repentina que Sam apenas daba crédito a sus ojos. Se puso en pie. Esperó a que el capitán diera un paso al frente y se hiciera cargo de la situación, pero tanto él como los dos marineros se quedaron clavados en la arena, paralizados de temor, inmóviles cual estatuas.

Sam oyó latir su corazón cuando los beduinos avanzaron hacia él esgrimiendo sus amenazadoras lanzas por encima de los hombros,

---

3 Denodado: Intrépido, esforzado, atrevido.
4 Beduinos: Dicho de un árabe: Que es nómada y habita en su país originario o en Siria y el África septentrional. U. t.

dispuestos a enclavárselas en cualquier momento. A juzgar por su hosco semblante, parecían decididos a matar a alguien. Como Sam era el único miembro del grupo que no era árabe, en seguida se fijaron en él. Sam miró hacia atrás. La tormenta aún rugía y grandes olas rompían contra la arena. No había escape por el mar. Sam y sus compañeros se habrían ahogado si lo hubieran intentado. Tampoco había protección alguna en la playa.

La muerte miró a Sam a la cara. No era la situación que se hubiera imaginado al llegar como misionero a Arabia siete meses antes. Estaba a punto de morir sin cumplir ninguna de las cosas para las que con tanto tesón se había preparado. Se preguntó cómo reaccionaría su familia en los Estados Unidos cuando recibiera la noticia de que el cuerpo de Samuel Zwemer había sido hallado muerto y alanceado[5] en una playa desierta de la costa sur de la península arábiga.

---

5 Alancear, alanceado: Dar lanzadas.

Capítulo 2

Mudanza

El pequeño de seis años Samuel Zwemer, o Sam, como todos le llamaban, se dejó caer sobre una caja de madera y contempló el panorama. Era una radiante mañana de julio de 1873, día de mudanza para la familia Zwemer: nueve hijos y los padres. Sam suspiró mirando el gran arce[1] rojo del jardín y se preguntó cómo le iría en Albany, Nueva York. Había nacido en Vriesland, Michigan, pero la casa de Milwaukee, Wisconsin, era la única que recordaba.

Aunque los Zwemer vivían muy apretados, a Sam le encantaba vivir en Milwaukee. Acababa de empezar las clases, y como ya podía leer y

---

1 Arce: Árbol de la familia de las aceráceas, de madera muy dura y generalmente salpicada de manchas a manera de ojos, con ramas opuestas, hojas sencillas, lobuladas o angulosas, flores en corimbo o en racimo, ordinariamente pequeñas, y fruto de dos sámaras unidas.

escribir en inglés y holandés, le iba muy bien. Tenía muchos amigos con los que jugar, la mayoría de la iglesia. El padre de Sam, Adriaan Zwemer, era pastor de la Iglesia Reformada Holandesa, en la cual se centraba la mayor parte de la vida familiar. De hecho, a Sam le costaba distinguir dónde terminaba la vida de iglesia y dónde empezaba la vida en el hogar. Los miembros de la congregación visitaban la casa continuamente, y la madre de Sam, Catherina, recibía a todos con una enorme sonrisa mientras les servía gofres[2] holandeses y café caliente.

Cada comida de la familia Zwemer comenzaba con una oración y terminaba con una lectura bíblica. El pasaje de esta mañana trataba de cómo lideró Moisés el pueblo de Israel a la tierra prometida.

—Ja[3] —dijo el padre de Sam en holandés al terminar la lectura (en casa se hablaba holandés)—. Dios dice a su pueblo que vaya por todo el mundo predicando el evangelio, y eso haremos.

El padre de Sam empezó a contar la historia de cómo él y la madre de Sam habían viajado a Estados Unidos con la primera ola de inmigrantes holandeses que se establecieron en Michigan, Wisconsin e Iowa. El reverendo Albertus Van Raalte guió al primer grupo que dejó Holanda en 1846 y se estableció en Michigan. Los inmigrantes holandeses habían emigrado a Estados

---

2   Gofres: Pastel de masa ligera, cocido en un molde especial que le imprime un dibujo en forma de rejilla.
3   Ja: Sí en holandés.

Unidos en parte para escapar de la amarga re-
presión a las iglesias «no autorizadas» en Holanda y en parte por una grave crisis económica que
dejó a los jóvenes holandeses con pocas opciones
de futuro.

Sam se sabía la historia de memoria, pero
le seguía emocionando. Su padre parecía bastante envejecido, con su larga barba y sus ga-
fas doradas. Le costaba imaginárselo como un
joven ilusionado subiendo a bordo del *Leyla,*
en 1849, con destino al Nuevo Mundo. La madre de Sam viajó a bordo del mismo barco, ya
que estaban prometidos. Tenía veintidós años
de edad por aquel entonces, cuatro años menos
que Adriaan. Y aunque había nacido en Holanda, sus padres eran alemanes.

El viaje a Estados Unidos duró treinta y ocho
días. Sam a menudo pedía a su padre que le
contara la historia de cómo una ola gigante se
derramó sobre la popa del barco, apagando el
fuego que la madre de Sam estaba usando para
preparar tortitas de arroz.

—Casi se quema el barco entero —decía su
padre—, pero lo peor estaba por venir. Fue la
primera de muchas olas gigantes. Poco después
nos mandaron ir bajo cubierta, el agua se fil-
traba profusamente.[4] Los 128 holandeses bajo
el liderazgo del pastor Klyn, pasamos la noche
orando. El agua subió hasta que empezó a cubrir las literas inferiores. Así que nos subimos
a las literas superiores. Pensamos que el barco

---

4 Profusamente: Abundante, copioso.

se hundiría y quedaríamos encerrados bajo cubierta. Seguimos orando. El día siguiente fue terrible, pero Dios estaba con nosotros. Finalmente, el violento vaivén se detuvo, abrieron la bodega y nos dejaron salir. El sol brillaba y respiramos aire fresco.

Los padres de Sam llegaron sanos y salvos a la ciudad de Nueva York, pero decidieron no mudarse a Michigan con los emigrantes holandeses con quienes habían viajado. Sino que se casaron, se instalaron en Rochester, Nueva York, y tuvieron cuatro bebés seguidos. Dos de ellos sobrevivieron, «los mayores» James y Maud. James, con 23 años cumplidos, se acababa de graduar en el Western Theological Seminary y era pastor, mientras que Maud era maestra. Después vinieron los siete niños «de en medio». Mary, la más mayor, tenía diecisiete años, seguida de Fred, Catherina, Christina, Adriaan*, Nellie, y Hettie, de nueve años. Por último, los dos «pequeños», Sam y su hermano menor Peter. Se llevaban menos de un año y ambos tenían los ojos azules y el pelo oscuro. La gente solía creer que eran gemelos. Hubo otros dos hijos pequeños: Anna nació un año antes que Sam, pero murió poco después del parto; y Hendrik era el hijo más pequeño y había muerto el año anterior. Sam se acordaba de que su hermanito había estado enfermo desde su nacimiento y murió justo un día antes de su primer cumpleaños. Fue un

---

* N.T - El nombre del padre de Samuel Swemer, «Adriaan» es el nombre original en holandés su país de procedencia, y el nombre del hijo «Adrián» está traducido al español del inglés «Adrian».

tiempo muy triste para la familia, pero los padres de Sam le aseguraron que un día podría jugar con Hendrik en el cielo.

A excepción de los dos hijos mayores, James y Maud, la familia se iba a mudar a Albany. Sam había estudiado la ubicación de la ciudad en el mapa colgado al frente de la clase. Albany tenía una altitud similar a Milwaukee, pero estaba alejada de lagos y el mar. Sam sabía que lo echaría de menos. Le encantaba caminar junto a la orilla del lago Michigan y soñar que estaba a bordo de un barco con destino a alguna tierra extraña.

—Sam, ayuda a Nellie a llevar esa canasta y dásela a papá—. La voz de la madre de Sam interrumpió sus pensamientos. Obedeció y llevó la canasta a la parte trasera del carro donde estaba su padre.

—Dunka —dijo su padre mientras sacaba su reloj de bolsillo del chaleco—, tenemos que cargar todo esto antes del mediodía para llegar a tiempo al tren.

Sam sonrió pensando que iba a subirse al tren. Sabía mucho de trenes, como todos sus compañeros de clase. Los alumnos habían estudiado cómo el ferrocarril del Pacífico conectaba todo Estados Unidos, desde Nueva York hasta la bahía de San Francisco. Sam se emocionó pensando que un niño podría tomar un tren en Milwaukee y en solo siete u ocho días estar en la costa oeste de los Estados Unidos.

Esperaba hacer ese viaje algún día. Por ahora, tomar el tren en Milwaukee hacia Chicago, al sur, y luego al este, pasando por Toledo, Cleveland, Buffalo, Syracuse, Utica y Albany, parecía una gran aventura.

La familia Zwemer consiguió cargar el carro a tiempo y poco después iban sentados en el tren por un viaje que duró dos días. Sam disfrutó cada minuto del trayecto. En Chicago, vio rebaños de ganado vacuno Longhorn[5] mugiendo en los corrales junto a las vías del ferrocarril.

—Esas vacas son de Texas —se explicó Mary, la hermana mayor de Sam—. Los vaqueros las llevaron a la estación y las subieron a los vagones. Los ferrocarriles han convertido ciudades como Chicago en ciudades prósperas.

Conforme se acercaban a Buffalo, Mary señaló la tierra al otro lado del lago Erie.

—¿Ves esa tierra allá? Es Canadá—. Sam miró en la dirección que señalaba, preguntándose cómo sería la vida en un país como Canadá.

Cuando el tren se detuvo una parada antes de llegar a Albany, Sam pudo ver parte de la ciudad que sería su nuevo hogar. Albany era más grande de lo que pensaba; en ella se alzaban largas agujas[6] de iglesias y edificios altos y muy antiguos, mucho más antiguos que los de Milwaukee.

---

5   Ganado vacuno Longhorn: es una raza de ganado vacuno, procedente del estado de Texas, Estados Unidos. Su nombre cuerno largo hace referencia a su principal característica: la longitud de sus cuernos.
6   Aguja: Capitel estrecho y alto de una torre o del techo de una iglesia.

—Ja, los holandeses fueron unos de los primeros en establecerse en esta zona —dijo Mary—. Albany empezó siendo un lugar con dos mercados fronterizos entre los indígenas y los colonos holandeses a principios de 1600. Los mercados se llamaban Fort Nassau y Fort Orange, por la familia real holandesa. Nueva York también fue fundada por los holandeses. ¿Lo sabías?

Sam negó con la cabeza.

—Pues lo fue —prosiguió su hermana—. Empezó siendo un mercado fronterizo llamado Nueva Ámsterdam, que principalmente comerciaba pieles de castor de los indígenas —de pronto se rió y acarició el pelo oscuro de Sam—. Es mucha información, ¿no? Me gustaría ser maestra como Maud, por eso a veces ensayo contigo.

Sam sonrió. No le importaba en absoluto. De hecho, le encantaba aprender cosas del mundo en que vivía.

A Sam no le costó acostumbrarse a su nuevo hogar en Albany. Pronto se instalaron en una rutina muy similar a la de Milwaukee, con una vida familiar centrada en el colegio y la iglesia que pastoreaba Adriaan. Sam descubrió que amaba la lectura y rápidamente pasó a ser el mejor de la clase. Los libros se convirtieron en sus amigos. Prefería acurrucarse en una silla y leer un libro en vez de hacer casi cualquier otra cosa. Tenía dos libros favoritos, uno en holandés y otro en inglés. El libro en holandés, *La historia de la familia Fairchild*, trataba de tres niños ingleses y sus aventuras cotidianas en un caserío en el campo. El libro en inglés se titulaba *El progreso del peregrino*, cuyas ilustraciones a color le encantaban a Sam.

Tres años en Albany pasaron rápidamente, y justo después del noveno cumpleaños de Sam, Adriaan Zwemer creyó que era el momento de despedirse de su iglesia y aceptar un nuevo puesto de pastor. Esta vez sería en un lugar muy diferente: Graafschap, en el condado de Allegan, Michigan. A diferencia de Albany, que tenía una rica y larga historia europea, Graafschap era una pequeña ciudad fronteriza en la orilla oriental del lago Michigan. Muchas personas advirtieron al padre de Sam que no llevara a su familia a ese lugar, e incluso uno de los amigos de Sam le enseñó un ripio:[7] «A Michigan no vayas; tierra es de enfermedades. Allí solo has de encontrar fiebre, dolor y males».

Cuando Sam preguntó a su hermana Catherina si eso era verdad, no le dio una respuesta clara. Sam se preguntó cómo sería su nueva casa. ¿Sería Michigan tan salvaje como todo el mundo decía?

Poco después, Sam viajaba en otro tren con su familia hacia el oeste.

Cuando los Zwemers llegaron a Graafschap, Sam se sentía como si hubiera llegado a otro mundo. El pueblo no se parecía en nada

---

7   Ripio: Palabra o frase inútil o superflua que se emplea viciosamente con el solo objeto de completar el verso, o de darle la consonancia o asonancia requerida.

a Albany. Estaba compuesto de casas vecinas pegadas las unas a las otras en un claro[8] talado en el bosque. Tenía una tienda y una pequeña escuela roja a la que Sam asistiría. Como era costumbre en tales comunidades, la iglesia era el centro de la vida social y espiritual del pueblo. La mayoría de la gente hablaba holandés e iba ataviada con ropa y zuecos holandeses.

La familia Zwemer se adaptó rápidamente a la vida en Michigan. A veces, después del colegio, cuando no estaban leyendo libros, Sam y su hermano pequeño Peter caminaban por el bosque y jugaban a ser misioneros en algún oscuro rincón del mundo. Cuando se encaramaban a los árboles, tenían que sortear tocones[9] quemados y troncos viejos. Los árboles se habían quemado en el gran incendio que había arrasado la zona en 1871, hacía cinco años, días antes de que otro gran fuego se extendiera por la ciudad de Chicago, al otro lado del lago Michigan. El fuego había quemado tanto árboles como casas y cientos de personas habían fallecido. En la zona había gran cantidad de tierras pantanosas que producían mosquitos y enfermedades, pero muchas de ellas se estaban drenando. La tierra recuperada se utilizaba para cultivar una nueva verdura que se estaba imponiendo en Estados Unidos: el apio.

Sam disfrutaba ayudando a su padre en el taller. A Adriaan Zwemer le encantaba hacer

---

8 Claro: En un bosque, parte rala o despoblada de árboles.
9 Tocones: Parte del tronco de un árbol que queda unida a la raíz cuando lo cortan por el pie.

cosas de madera. Sillas, mesas, cabeceras, salían del taller que tenía detrás de su casa. Entre su trabajo como pastor y la fabricación de muebles, el padre de Sam encontró un hueco para hacer un juego de croquet[10] para la familia, completo, con mazos y bolas. A Sam le gustaba ver a su padre usar el torno y dar forma a la madera y pulirla hasta que quedaba perfectamente suave y bonita.

Durante los calurosos veranos, Sam nadaba en el río, y a veces le invitaban a navegar en el lago Michigan. No le gustaban los deportes de equipo, pero en invierno le gustaba patinar sobre hielo en el río congelado.

No mucho después, las cuatro hermanas mayores de Sam fueron maestras de escuela. Todas juntas ayudaron a Fred a sufragar los gastos del Hope College donde se preparaba para ser pastor, como James, el hermano mayor de Sam. James y su esposa tenían tres hijas, Katrina, Maria y Henrietta, con lo que Sam ya tenía tres sobrinas.

Para cuando Sam terminó la escuela primaria en 1879, el Hope College, universidad de la Iglesia Reformada en Holland, Michigan, se había ampliado para incluir un colegio secundario. El nuevo colegio, Hope Academy, ofrecía cuatro años de formación preparatoria para ingresar en la universidad. Sam formó parte de la primera clase de veinte alumnos del nuevo colegio, mitad chicos y mitad chicas. Para acceder

---

10 Croquet: Juego que consiste en golpear unas bolas con un mazo y hacerlas pasar, en un recorrido marcado por una estaca central, por unos arcos clavados en el suelo.

al centro había que caminar casi siete kilómetros de ida, a Holland, por la mañana, y otros
siete de vuelta, a Graafschap, por la tarde. Ese
paseo sería agradable en verano, pero imposible
de recorrer en los crudos y nevados inviernos,
por lo que el padre de Sam decidió que su hijo
se alojara con una familia cristiana en Holland
durante la semana y volviera a casa los fines de
semana. El obtener buenas notas en el colegio
estando lejos de casa era un gran desafío para
Sam, con solo doce años. Mientras su hermana mayor Nellie le ayudaba a meter su ropa en
una gastada maleta de cuero, Sam se preguntó
cuánta soledad experimentaría apartado de su
familia tan unida.

Capítulo 3

Hora de levantarse y ser tenido en cuenta

Las hojas de los árboles circundantes habían empezado a exhibir brillantes tonalidades rojas y amarillas y, ante ese panorama, el carruaje de los Zwemer se deslizaba lentamente hacia Holland, Michigan. Sam iba sentado en el asiento delantero junto a su padre. Se sintió muy mayor, más aún cuando su padre le pidió que recitara dos de sus preguntas favoritas del catecismo de Heidelberg. Se sabía de memoria 129 preguntas con sus respectivas respuestas. Sam empezó:

—Primera pregunta: «¿Cuál es tu único consuelo en la vida y en la muerte?».

—Respuesta: «Que yo, con cuerpo y alma, tanto en la vida como en la muerte, no me pertenezca a mí mismo, sino a mi fiel Salvador Jesucristo, que me libró del poder del diablo, satisfaciendo enteramente con su preciosa sangre todos mis pecados, y me guarda de tal manera que sin la voluntad de mi Padre celestial ni un solo cabello de mi cabeza puede caer, antes es necesario que todas las cosas sirvan para mi salvación. Por eso también me asegura, por su Espíritu Santo, la vida eterna y me hace pronto y aparejado para vivir en adelante según su santa voluntad».

Sam hizo una pausa. Su padre le dio una palmadita en la rodilla y exclamó: «Hijo, no lo olvides nunca. Dios tiene poder para librarte de *todo* mal. No tienes más que pedírselo. Continuemos»

Después de tomar aliento, prosiguió. «Número veintisiete:»

—Pregunta: «¿Qué es la providencia de Dios?».

—Respuesta: «Es el poder de Dios omnipotente y presente en todo lugar, por el cual sustenta y gobierna el cielo, la tierra y todas las criaturas de tal manera, que todo lo que la tierra produce, la lluvia y la sequía, fertilidad y esterilidad, comida y bebida, salud y enfermedad, riquezas y pobrezas, en fin, todas las cosas, nada sucede sin razón, como por azar, sino por su consejo y voluntad paternal».

—Ja, Ja —aprobó Adriaan—. Mira Sam, una cosa es recitar estas cosas de memoria y otra bien distinta guardarlas en tu corazón y echar mano de ellas cuando lleguen las pruebas. Todo el mundo pasa por pruebas, pero solo el cristiano o la cristiana que se prepara de antemano es capaz de superarlas. Si alguna vez te encuentras en apuros, si no sabes qué hacer, recuerda que Dios es el principio y el fin de todas las cosas y que lo que te sucede no es por casualidad, sino debido a la Providencia. Se te ha presentado una oportunidad excelente para aprender. Aférrate a ella y aprovéchala al máximo. En los próximos años echarás el cimiento de tu futuro.

Sam sabía que su padre tenía razón. Esperaba aprovechar bien el tiempo en el colegio para poder continuar en el Hope College (universidad) cuatro años después y seguir el ejemplo de sus hermanos James y Fred.

Las cosas empezaron bien para Sam en el Hope Academy. Era buen estudiante, tenía una base sólida en holandés, inglés y alemán, y aprendió rápidamente latín y griego. También estudió matemáticas y ciencia, en las que destacó. Le interesaba especialmente la biología y pasaba tiempo paseando por el bosque cercano al colegio recogiendo bayas[1] y flores para examinarlas. No obstante, el tiempo libre para dedicar a tales actividades era limitado, porque durante la semana, las tareas escolares eran prioritarias, así como los trabajos a realizar para la familia Engles, en cuya casa se alojaba.

Los viernes por la tarde Sam empacaba algo de ropa y caminaba los siete kilómetros que le separaban de Graafschap para pasar los fines

1   Bayas: Planta de la familia de las liliáceas, de raíz bulbosa y hojas radicales, que son estrechas y cilíndricas. El bohordo, de diez a doce centímetros de altura, produce en su extremidad multitud de florecitas de color azul oscuro.

de semana en casa. Dedicaba el sábado a ayudar a su padre, o estudiar, y el domingo a asistir a la iglesia y la escuela dominical. Era una vida feliz y atareada.

El primer año en el Hope Academy pasó volando, y llegó la hora de volver a casa para el verano. Una vez en Graafschap, Sam encontró trabajo como aprendiz del herrero de la localidad. El trabajo en la fragua[2] era duro, pues consistía en su mayor parte en avivar el carbón del fogón, pero Sam disfrutaba viendo al herrero golpear el martillo para sacar formas del candente, anaranjado y resplandeciente metal sacado del fuego.

Cuando el otoño llegó, Sam regresó a Holland para iniciar el nuevo curso, solo que en esta ocasión le acompañó su hermano menor, ambos se alojaron en casa de los Engles. Sam se sentía feliz al asomarse de vez en cuando por la ventana de clase y echar un vistazo a su hermano.

Transcurrío otro año en el Hope Academy y al llegar el verano volvió a Graafschap y como de costumbre trabajó en una tienda de comestible, para ahorrar y ayudar a pagar su alojamiento y manutención durante el siguiente año escolar.

Sam sabía que su primera responsabilidad era obtener buenas notas, pero sacaba tiempo para contribuir a la publicación de *Excelsior*, revista del

---

2 Fragua: Fogón en que se caldean los metales para forjarlos, avivando el fuego mediante una corriente horizontal de aire producida por un fuelle o por otro aparato análogo.

colegio. A menudo escribía poemas y composiciones literarias para la publicación. Una de las piezas que escribió fue un poema titulado «Verdadero coraje», del que se sintió muy orgulloso. El poema fue compuesto a consecuencia de una tarea de inglés en la que cada alumno debía comentar un rasgo de carácter que admirara. Sam meditó en el tema bastante antes de empuñar la pluma. Hundió el plumín en el tintero y escribió:

El verdadero coraje no busca corona,
Su fama se extiende a una más alta esfera,
Su alabanza en la eternidad resuena,
Por espinosa senda transita y labora.
Y aunque mil deseos y afanes encuentre,
Si obstáculos vence y después se levanta
Y adelante sigue, oro probado es el valiente.

Mientras escribía, Sam pensaba en sus parientes holandeses, que habían arriesgado su vida para comenzar una vida nueva y empezar una comunidad cristiana en América. Se preguntó si algún día él sería capaz de mostrar esa clase de coraje en su propia vida.

El 12 de abril de 1883, justo después de cumplir los dieciséis años, Sam completó sus años de colegio en el Hope Academy. Su madre le preparó *speculaas* (galletas holandesas) para la ocasión. A Sam le encantaban las sabrosas galletas moldeadas en formas singulares, y disfrutó celebrando aquel logro con su familia.

Ese verano Sam volvió a trabajar en la tienda de ultramarinos de la localidad, reponiendo estanterías con productos procesados y ayudando a los clientes a encontrar lo que buscaban. Él conocía prácticamente a casi todos los que entraban en la tienda, y muchos clientes le preguntaban qué planes tenía para el futuro. Sam no dudaba en responder. Que Dios le había llamado a desarrollar una obra cristiana, como su padre y sus hermanos mayores. Asumía que sería un pastor reformado holandés. El siguiente paso para conseguir esta meta sería obtener un título en humanidades en la universidad Hope College.

En el otoño, Sam regresó a Holland y se matriculó en el Hope College. Por supuesto, muchas cosas ya le eran conocidas. El joven había paseado por los alrededores muchas veces. Seis de los veinte alumnos compañeros de colegio fueron también compañeros en su primer curso universitario. Pero en vez de alojarse con los Engles, Sam se sumó a los otros compañeros de curso y compartió un dormitorio. Esto no supuso una gran transición para Sam, ya que le recordaba los tiempos de convivencia con su gran familia en Graafschap.

Cada estudiante matriculado en el Hope College tenía que estudiar griego, latín, alemán y francés. Esto no representaba ningún problema para Sam, pues ya hablaba alemán y había estudiado griego y latín durante los cuatro años de colegio. El centro también hacía hincapié en las ciencias, y Sam tuvo que cursar química, geología y botánica. La botánica era su asignatura favorita, por lo que siguió recolectando muestras de plantas de los bosques cercanos a su casa y universidad para estudiarlas.

Las mañanas en el Hope College comenzaban a las ocho con un servicio religioso, en el que se recordaba a los alumnos la historia del centro. La universidad había sido fundada por Albertus Van Raalte, que fue quien dirigiera el primer grupo de holandeses que se estableció en la región de Michigan. En el discurso fundacional del centro, pronunciado en 1851, él había declarado: «Esta es mi ancla de esperanza para el futuro de este pueblo». Por consiguiente, el blasón[3] del Hope College exhibe un círculo con un ancla en el interior con el lema del centro en la parte superior —*Spera in Deo* (Espera en Dios).

La fe y la esperanza en Dios eran algo natural para Sam igual que para toda su familia, El joven había dedicado su vida a Dios a una edad tan temprana que apenas recordaba. Pero para él fue un hecho real, de modo que su fe creció y maduró mientras estudiaba en el Hope College. Le encantaba escuchar charlas en la capilla y resolvió leer la Biblia una vez por año. Cuando el pastor de la Iglesia Reformada de Holanda pidió ayuda para enseñar en la escuela dominical, en el asentamiento[4] de Pine Creek, al otro lado

---

3   Blasón: Cada figura, señal o pieza de las que se compone un escudo.
4   Asentamiento: Instalación provisional de colonos o cultivadores en tierras no habitadas o cuyos habitantes son desplazados. Lugar en que se establece alguien o algo.

del río, Sam se ofreció de voluntario. Le gustaba recorrer los cinco kilómetros que separaban Pine Creek de Holland. Le daba tiempo para orar por los niños que asistían a su escuela dominical.

En sus primeras vacaciones como estudiante del Hope College, Sam encontró trabajo con una cuadrilla de segadores. Era delgado, con 1,83m de estatura, era uno de los más altos del grupo, y aquel trabajo se convirtió en uno de los más duro que jamás había realizado. La cuadrilla iba de granja en granja, segando trigo y echando la mies[5] en una aventadora.[6] Una vez separado el grano del tallo, era introducido en sacos que se cargaban en vagones para transportarlos al mercado. Aunque era un trabajo acalorado, polvoriento y agotador, pagaba bien, con lo que Sam pudo ahorrar dinero para costearse los estudios el año siguiente. Peter, hermano menor de Sam, también se incorporó a la cuadrilla de segadores. Como iba a ingresar en el Hope College en otoño, también necesitaba dinero para sufragarse los estudios.

El verano siguiente, Sam encontró un trabajó mucho más adecuado que el de segador. Se hizo vendedor de libros puerta a puerta. Para desempeñar su trabajo tenía que recorrer muchos kilómetros con una mochila de libros a la espalda. A veces se detenía junto a un arroyo y leía fragmentos de los libros que transportaba.

---

5   Mies: Cereal de cuya semilla se hace el pan.
6   Aventadora: Dicho de una máquina o de un instrumento: Que se emplea para aventar y limpiar los granos.

Pensó que esto le ayudaría a venderlos mejor. Pero la verdad es que le encantaba leer cualquier libro que tuviera entre manos.

En agosto de 1886, antes de comenzar Sam su segundo año en la universidad, la tragedia golpeó a la familia Zwemer. Después de varios años de enfermedad, a los cincuenta y nueve, murió Catherina, madre de Sam. El recordaba que en una de sus últimas visitas a su madre, ella le dijo algo que causaría un profundo impacto en su vida.

—Nunca lo olvidaré Sam —le dijo dándole una palmadita en el dorso de su mano—. Cuando te puse en la cuna por primera vez, le pedí a Dios que hiciera de ti un misionero, y desde entonces jamás dudé que un día lo serás.

El funeral de Catherina Zwemer fue uno de los más concurridos que se celebraron en Holland, Michigan. Asistió toda la familia de Sam en pleno, incluso sus hermanos Fred, que ahora era misionero en las Dakotas, y Adrián, por entonces empresario en Sioux City. Aunque la muerte de su madre le causó un gran dolor, su tristeza se vio colmada a causa de su hermano Adrián, quien se había casado dos años antes. Su esposa, Jenny, falleció poco después de dar a luz a su hijo John. Adrián decidió llevar a John a Graafschap, a casa de sus padres porque le era muy difícil cuidar al bebé. El pequeño necesitaba alguien que lo cuidara y su abuela Catherina Zwemer ya no estaba allí para hacerlo. Maud, maestra de la escuela, se ofreció para vivir en la casa y ayudarle a administrar la propiedad y cuidar al pequeño John.

El padre de Sam se serenó lo suficiente como para dirigirse a los que asistieron al funeral.

—Su madre me acompañó en mis viajes, como Sara con Abraham, cuando viajamos de Europa a América, y luego a lo largo y ancho de esta tierra, desde Albany, en el este hasta Milwaukee, en el oeste —comenzó diciendo—. Mamá siempre estará en mis pensamientos, y mi corazón exclama, como el de David, «ella no volverá a mí, sino que yo iré a ella». Cuatro hijos nuestros la esperan en el cielo y, sin duda, ya se habrá reunido con ellos. ¡Qué gozosa reunión será cuando volvamos a estar todos juntos! El sol brilló con fuerza cuando la procesión funeraria se abrió camino hacia el cementerio de los Peregrinos, en Graafschap, donde fue enterrada Catherina Zwemer.

A Sam, con diecinueve años, no le resultó fácil adaptarse a la pérdida de su madre, especialmente, porque su padre aceptó pastorear una nueva iglesia poco después de la muerte de su esposa y se trasladó a Middleburg, Iowa. La familia Zwemer estaba ahora extendida por el Medio Oeste. Las seis hermanas mayores de Sam eran maestras, funcionarias del Estado, y donaron parte de sus ingresos para ayudar a sufragar los estudios universitarios de Sam y de Peter.

En su último año en el Hope College, Sam asistió a una reunión en la capilla de la universidad.

La cartelera anunció que Robert Wilder, destacado estudiante de la Universidad de Princeton, iba a dar una charla sobre «Un llamado a la misión». Sam esperaba que fuera una noche interesante y esta le cambió la vida.

Robert tenía casi la misma edad de Sam y hablaba con un acento muy diferente. Comenzó explicando a la audiencia por qué estaba visitando las universidades de los Estados Unidos.

«Este verano estuve en Mount Hermon, Massachusetts, donde D. L. Moody había organizado una conferencia de verano de un mes de duración —declaró Robert—. Estando allí pregunté al señor Moody si podría hablar una noche acerca de misiones. Me dijo que sí y junté otros nueve estudiantes que podían hablar con autoridad acerca de la obra misionera. Fui el trigésimo segundo en intervenir, dado que mis padres eran misioneros en la India y yo pasé allí los primeros catorce años de mi vida.

«La respuesta fue notable e inesperada y sorprendió al señor Moody. Exactamente cien estudiantes firmaron tarjetas-promesa, comprometiéndose a predicar el evangelio por todo el mundo. Algunos irían, otros se quedarían en el país, orarían y recaudarían dinero, pero todos desempeñarían un papel importante para llevar las buenas nuevas del evangelio a todos los habitantes de la tierra en esta generación. Nos llamamos el Movimiento Voluntario Estudiantil para Misiones en el Extranjero».

Mientras Sam oía, se le puso piel de gallina en el cuello. Esto era precisamente lo que estaba buscando: un grupo de jóvenes con pasión por las misiones. Algo le sucedía mientras Robert seguía hablando.

«Ser misionero significa pagar un alto precio personal, no cabe ninguna duda. Dios nos pide que le entreguemos las cosas que nos son más preciosas para poder obtener la perla de gran precio. El libro de Mateo, capítulo 13, versículos 45 y 46 declara: «El reino de los cielos es semejante a un mercader que busca buenas perlas, que habiendo hallado una perla preciosa, fue y vendió todo lo que tenía, y la compró».

«Dios nos pide que le entreguemos lo bueno para recibir lo mejor. No es fácil. En este momento mi padre está en cama enfermo, moribundo, y una parte de mí anhela fervientemente estar con él. Cuando Dios me llamó a hacer un recorrido por las universidades, me resistí porque quería estar junto a él sus últimos días. Yo se lo manifesté, y él, me respondió: "Hijo, deja que los muertos entierren a sus muertos, mas tú ve y anuncia el Reino de Dios". No espero volver a ver a mi padre hasta que me reúna con él en el cielo. Pero ¡qué reunión más gloriosa será esa sabiendo que he seguido sus pisadas!».

A Sam se le saltaron las lágrimas. Hacía solo siete meses que su madre había fallecido y él recordaba a menudo la manera en que ella le instaba a vivir una vida piadosa y entregarse por entero a Dios.

Robert Wilder continuó. «John Wesley dijo en cierta ocasión: "Denme cien hombres que no teman nada más que a Dios, que aborrezcan el pecado, resueltos a no saber nada de los hombres sino a Jesucristo crucificado, y con ellos transformaré el mundo". ¿Quién de ustedes está dispuesto a ser parte del Movimiento Voluntario Estudiantil para ayudarnos a inflamar el mundo para Jesucristo? Salgan al frente y muéstrenle a Dios que toman en serio la Gran Comisión. «Id a todo el mundo y predicad el evangelio, y he aquí que estoy con vosotros hasta el fin del mundo».

Al oír estas palabras el corazón de Sam latió con tanta fuerza que le pareció que los que estaban a su lado podían oír su latido. Él sabía que Dios le estaba llamando a ser misionero, y que había llegado el momento de levantarse y ser tenido en cuenta. Se sumó a otros estudiantes del Hope College que salían al frente de la capilla. Echó un vistazo y vio que su hermano Peter estaba entre ellos.

Sam permaneció orando en silencio hasta que Robert acabó de hablar. Luego escribió su nombre en la tarjeta que le alistaba en el Movimiento Voluntario Estudiantil, prometiendo entregar su vida a la causa del evangelio en cualquier forma que pudiera. Fue una promesa que mantendría firme por el resto de su vida y un momento que recordaría cuando tuviera decisiones importantes que tomar.

Capítulo 4

Tres radios

Sam reanudó sus estudios con renovado vigor. Estaba seguro de que había sido llamado a ser misionero aunque no sabía dónde. Pero este punto no le preocupaba demasiado porque sabía que tenía mucho que hacer antes de salir al campo de misión. Primeramente tendría que acabar sus estudios universitarios y después completar tres años de instrucción en el seminario.

Sam meditó seriamente qué debía hacer en el verano. Trabajar en la tienda de comestibles, o con la cuadrilla de segadores, o vendiendo libros de puerta en puerta, no le servirían de mucho para ser misionero, pero pronto descubrió algo que sí le ayudaría. La Sociedad Bíblica Americana (SBA) se estaba expandiendo por todo el mundo, traduciendo, imprimiendo y distribuyendo Biblias. Cuando Sam leyó relatos emocionantes de la Biblia presentados por primera vez a gentes de idioma mandarín,[1] zulú,[2] y gilbertés,[3] quiso participar en la aventura. La manera más eficaz de hacerlo era hacerse colportor[4] —representante de la SBA— para recorrer carreteras y caminos, reunirse con familias en sus hogares, leerles fragmentos de la Biblia y hablarles de su necesidad espiritual. Y como solo disponía de unos pocos meses antes de iniciar su formación en el seminario, Sam decidió hacerse colportor local.

Las clases en el Hope College finalizaron seis semanas antes de celebrarse la ceremonia oficial de graduación, de modo que en mayo de 1887 Sam se dispuso para desempeñar su empleo estival[5]. Lo primero que hizo fue comprar un caballo y un carro, por los que pagó noventa y seis dólares. Era mucho dinero, pero Sam estaba convencido que era una buena inversión para su futuro.

El empleo como colportor para la SBA parecía fácil —encontrar gente que normalmente

1 Mandarín: Variedad del chino que se habla en el norte, centro, este y sudoeste de China y que sirve de base de la lengua china común.
2 Zulú: Dicho de una persona: De un pueblo de raza negra que habita en el África austral. Lengua del pueblo Zulú.
3 Gilbertés: Idioma micronesio de la familia austronesia. Se habla en: Nui (Tuvalu), Rabi (Fiyi), Mili (Islas Marshall) y algunas otras islas donde existen colonias de antiguos habitantes de Kiribati (Islas Salomón, Vanuatu, Nueva Zelanda o Hawái).
4 Colportor: Alguien que vende o distribuye libros, especialmente. Biblias y otra literatura religiosa, yendo casa por casa. La palabra deriva del francés (comporteur, llevar, vender como buhonero o vendedor ambulante).
5 Estival: Perteneciente o relativo al estío. Solsticio estival. Veraniego.

no tenía acceso a la Biblia, leerles alguna porción y ofrecerles la posibilidad de adquirirla por
una pequeña cantidad de dinero, o si no tenían
recursos, regalársela—. El reto consistió, como
Sam descubrió en seguida, en que mucha gente alegaba que estaban demasiado ocupados
como para detenerse a escuchar un relato bíblico. El manual sugería que en tales casos el
colportor se ofreciera echar una mano para hablar de Cristo y el cristianismo mientras trabajaban juntos. Sam descubrió que este método
era muy eficaz, y se sintió muy agradecido por
el tiempo que había pasado con su padre arre-
glando cosas en el taller. Podía echar mano de
un cincel o una lima para ayudar a un carre-
tero, o aprovechar la experiencia adquirida el
verano anterior trabajando con la cuadrilla de
segadores por algunas horas para poder hablar
a los hombres en alguna pausa. A veces incluso
se sentaba con las mujeres de la casa y des-
granaba habas o enrollaba algodón —cualquier
cosa que ayudara a entablar una conversación
con la gente.

A pesar de los muchos desafíos, a Sam le encantaba trabajar. A veces guiaba el caballo y el
carro una distancia de más de treinta kilómetros
a lo largo de senderos de vacas. Había, a menudo, familias que le invitaban a pasar la noche,
pero a veces era expulsado de alguna propiedad
y tenía que levantar su tienda de campaña a un
lado del camino.

El 22 de junio de 1887, Sam regresó a Holland, Michigan para asistir a la ceremonia de su graduación en el Hope College. Fue una ocasión para sentirse orgulloso, aunque tuvo que contener sus lágrimas recordando cuánto hubiera su madre deseado estar presente. Después de la graduación volvió al trabajo e intentó entregar una Biblia en cada casa del distrito.

Después de tres ajetreados meses trabajando como colportor para la SBA, concluyó el verano y llegó el momento de tomar una decisión en cuanto a qué seminario asistir. Sam no estaba seguro de cuál de ellos debía escoger. Su hermano mayor James era profesor en el Seminario Teológico Western, que era una extensión del Hope College, por lo que parecía razonable optar por éste, pero su hermano Fred le animó a estudiar en el seminario McCormick de Chicago, donde había estudiado él. Otra opción era estudiar en el seminario de New Brunswick, en New Jersey, donde había estudiado el padre de Sam.

Sam aún no estaba seguro de qué seminario iba a escoger cuando se dirigió a la reunión de la familia Zwemer en Alton, Iowa, cerca de Middleburg, donde su padre pastoreaba una iglesia reformada. Sam y Peter se embarcaron en sendos vapores para cruzar el lago Michigan hasta Milwaukee, para después viajar en tren ochocientos kilómetros hasta Middleburg. Cuando llegaron, Sam se alegró mucho de volver a ver a su padre y visitar la congregación que pastoreaba.

El paisaje de las inmediaciones de Middleburg era muy distinto al de Graafschap. Middleburg estaba situada en una pradera llana, rodeada de vacas que pastaban satisfechas, sin lago en sus cercanías. Pero Sam disfrutó de lo lindo, especialmente cuando el resto de la familia Zwemer estuvo reunida. Le encantó oír los relatos de su hermano Fred y su esposa, recién casados, y sus aventuras misioneras entre los colonos holandeses y los indios de Dakota del Sur. También se hablaron del seminario al que debería Sam asistir. Después de largas conversaciones con su padre y sus hermanos, se decidió que el seminario de New Brunswick, en Nueva Jersey, era una buena elección y estuvieron de acuerdo que el estudiar en este seminario ampliaría la experiencia de Sam. Él se sintió agradecido por los consejos de su familia y aceptó encantado su decisión.

Sam llegó a New Brunswick a las tres de la madrugada, un día de septiembre de 1887. Lo primero que le llamó la atención del seminario fue la espléndida biblioteca Gardner A. Sage. La biblioteca se había completado hacía menos de quince años y diseñado según el modelo de una catedral del siglo IV. A Sam le encantaban sus amplios arcos y alcobas llenas de libros, y sus vidrieras de colores al fondo. Lo mejor de todo eran los libros —unos cien mil—. Muchos estaban impresos en inglés, holandés, alemán o latín, y Sam estaba agradecido porque podía leer en las cuatro lenguas.

La vida como estudiante de seminario pronto se hizo rutinaria. A Sam le fue asignada la habitación 32 en el Hertzog Hall, junto con otros jóvenes del Medio Oeste. Le gusto mucho el hecho de que otros estudiantes también procedieran de ciudades pequeñas.

Sam se puso a trabajar de inmediato en sus dos prioridades: el estudio y la preparación para el campo de misión. Desde el primer día se comprometió a dedicar la hora del almuerzo, de 12 a 1 de la tarde, a orar y leer la Biblia. Al cabo de poco, la idea contagió a otros estudiantes que se le sumaron. Le gustaba la iglesia reformada de Suydam Street, donde cantaba en el coro y enseñaba en la escuela dominical. También se zambulló en las oportunidades de misión que proporcionaba el seminario. En octubre, solo un mes después de llegar, Sam fue enviado como delegado al congreso de la Alianza Misionera entre Seminarios celebrado en Alexandria, Virginia. El asistir a ese encuentro y reunirse con muchos otros jóvenes con el mismo llamado al servicio misionero le inspiró aún más.

Sam decidió orar fervorosamente acerca de los próximos pasos que debía de dar y llegó a la conclusión de que necesitaba aprender algo que le fuera útil en el campo misionero, desde pequeño le había gustado la biología, así que decidió estudiar también medicina. No obstante, dado que el seminario de New Brunswick no ofrecía cursos de medicina, Sam resolvió leer por su cuenta una copia de la *Anatomía de Gray*. Mientras leía tomaba notas y cuando acabó de leer el manual buscó otro texto de medicina para proseguir su estudio personal.

El tiempo pasó volando y en 24 de junio de 1888, Sam predicó su primer sermón. El hecho de predicar le resultaba natural, ya que había oído predicar miles de sermones a su padre y sus hermanos mayores. Después de predicar acerca de la obra misionera, se le ocurrió una idea. Se preguntó si los estudiantes del seminario y de la facultad estarían dispuestos a apadrinar a su propio misionero. A las once de aquella noche se habían prometido 150 dólares al apoyo de un misionero, y para el fin de semana se había recaudado la suma de 700 dólares. El dinero lo enviaron inmediatamente a Louis Scudder, médico misionero en la India.

Además de leer ciertos libros como tarea del curso, Sam leyó una amplia gama de biografías de misioneros. Le conmovió especialmente la de George Müller, un alemán que se fue a vivir a Inglaterra y luego cuidó de miles de niños huérfanos. Cuando acabó de leer su biografía, Sam escribió: «La vida llena de confianza de George Müller le hace a uno sentir el poder de la oración. ¿Por qué no podemos los demás vivir de esa manera?».

Sam resolvió hacer todo lo posible por vivir según el estilo de vida de George Müller. Pidió a Dios que le mostrase el lugar concreto en donde debía ser misionero. Poco a poco Sam fue

sintiendo en su corazón un cariño especial por
el pueblo de Arabia. La vida de un joven llamado Ion Keith-Falconer le inspiró. Ion fue el tercer hijo de un acaudalado conde escocés, figura
popular en las islas Británicas. Además de ser
erudito en árabe y un cristiano devoto, fue campeón del mundo de ciclismo (1878). Ion y su joven esposa se trasladaron al distrito de Shaykh
Uthman, cerca de Adén, Yemen, al sur de Arabia,
para ayudar en una clínica de la Iglesia Libre de
Escocia y abrir un orfanato. Menos de un año
después de llegar a la península arábiga, Ion falleció de malaria. Eso había sucedido seis meses
antes. La disposición de Ion de renunciar a fortuna y fama en las islas Británicas y a sacrificar
su vida para predicar el evangelio dejó profunda
huella en Sam.

El caso de Ion demostraba con mucha clari-
dad lo difícil que era trabajar en Arabia. No solo
era difícil aprender la lengua árabe, también los
misioneros habían en gran parte ignorado la región. En consecuencia, solo había algunos pun-
tos misioneros en la costa de Arabia y la mayor
parte se habían establecido en los últimos veinte
años. Las enfermedades mortales y el odio que
muchos musulmanes sentían contra los cristianos convertían la zona en un campo de misión
al que pocos se aventuraban.

Sam no fue el único estudiante del seminario
que se sintió llamado a Arabia. Otros dos jóvenes, James Cantine and Philip Phelps, que debían

graduarse un año antes que Sam, también querían ir allá como misioneros. Los tres jóvenes comenzaron a reunirse semanalmente para orar por el llamado que tenían. James Cantine, o Jim —como todos le llamaban—, y Sam procedían de trasfondos muy diferentes. Aunque ambos habían crecido en hogares llenos de las tradiciones reformadas holandesas, Jim se había criado en el condado de Ulster, Nueva York y se había graduado en la Union College como ingeniero civil y después de trabajar en su especialidad, había dejado su trabajo para formarse como pastor.

Jim no había sentido ninguna clase de llamado a la obra misionera hasta que asistió a las clases de John Lansing en el seminario. El doctor Lansing era profesor de hebreo y árabe en New Brunswick. Su padre, el doctor Julian Lansing, era un famoso erudito y misionero en Siria y Egipto. Por cuanto John Lansing había nacido en Egipto y pasado buena parte de su infancia en Oriente Medio, lo que le permitía dar vida a sus clases a las culturas de la región. Su descripción de las necesidades de Arabia conmovió a Jim, y también a Sam y a Philip.

Poco después Sam, Jim y Philip comenzaron a estudiar árabe. El estudio del idioma le resultó más fácil a Sam que a sus compañeros. Lo atribuyó al hecho de haber aprendido varios idiomas cuando era niño. No obstante, el aprendizaje del árabe representaba todo un desafío. El doctor Lansing la llamaba «la lengua de los ángeles», y los tres estudiantes bromeaban diciendo que ello era porque ningún ser humano era capaz de dominarla.

En su segundo año en New Brunswick, Peter, hermano menor de Sam, ingresó en el seminario. Los dos hermanos mantuvieron su estrecha relación orando y estudiando juntos. Sam también avanzó en sus estudios de medicina. Aún no sabía a qué lugar de Arabia Dios le llamaba, pero sí tenía claro que dondequiera que fuese, requeriría conocimientos de medicina. Por este motivo, Sam se organizó para pasar los fines de semana en la ciudad de Nueva York ayudando en la Misión de Bleecker Street. Esta misión daba la bienvenida a toda suerte de personas, desde chicas que intentaban sobrevivir en la calle a matrimonios de inmigrantes entrados en años que no tenían techo. Allí entabló amistad con William Wanless, un médico joven y comprometido que trabajaba en la misión y que soñaba con hacer obra misionera en la India. Los dos solían hablar de misiones entre tanto daban recetas a sus pacientes. William anotaba las prescripciones mientras Sam contaba las pastillas y las introducía en frascos. La misión de Bleecker Street acostumbraba pegar un versículo bíblico impreso en cada recipiente de medicamento que dispensaba[6]. En un momento de distracción, Sam molestó de sobremanera a un paciente pegando el versículo «Prepárate a encontrarte con tu Dios»

---

6 Dispensar, dispensaba: Expender, despachar un medicamento.

en un frasco. De ahí en adelante, Sam leyó atentamente el versículo bíblico antes de adherirlo a cada recipiente.

Al mismo tiempo, Sam fue invitado como predicador por el Movimiento Voluntario Estudiantil. Dedicaba todo el tiempo que podía a la causa. El 11 de septiembre de 1888, estando de visita en el Medio Oeste, intervino en una gran concentración cristiana en la Universidad de Wheaton, Illinois. En ese encuentro, trece estudiantes firmaron tarjetas de compromiso para ser misioneros en el extranjero. Sam se sentía feliz por haber influido en su decisión.

En noviembre de 1888, Sam Jim, y Philip confiaron a John Lansing su deseo de establecer una misión en Arabia. El profesor se alegró mucho al oír la noticia y se movilizó de inmediato para ayudar a sus tres alumnos a comenzar su nueva aventura. El primer paso consistía en solicitar a la junta de misiones de la Iglesia Reformada que les aceptara como misioneros. Esta no era tarea sencilla, pero el doctor Lansing era un hombre que gozaba de buena reputación y bien relacionado, y con seguridad podía influir en sus compañeros para que aceptaran el reto de un nuevo impulso misionero en Arabia.

Llegó la primavera de 1889 Sam tenía grandes esperanzas de que la junta de misiones les aceptara pronto como misioneros. El Doctor Lansing asistió a la reunión del Sínodo[7] Gene-

7 Sínodo: Junta de ministros protestantes encargados de decidir sobre asuntos eclesiásticos.

ral que se celebró en Catskill, Nueva York. Los presentes en el Sínodo negaron con la cabeza cuando se planteó la idea de una nueva misión en Arabia. Por lo que a ellos concernía, el departamento misionero de la iglesia ya estaba gravemente endeudado, y muchos campos de misión, especialmente en China, estaban escasos de personal. No les pareció que era el momento más oportuno de abrir otro puesto de misión.

Sam y sus dos amigos se llevaron una gran decepción cuando el doctor Lansing les notificó que no serían aceptados como misioneros de la Iglesia Reformada, pero ellos se negaron a darse por vencidos. Sabían que Dios les había llamado a ser misioneros en Arabia, y se dispusieron a buscar otro camino para cumplir su objetivo.

Tres meses después los jóvenes se reunieron en Catskill con el doctor Lansing. Fue un tiempo de compromiso y examen de conciencia. Philip afrontaba una grave situación familiar que le hizo pensar que le impedía seguir adelante con el plan de salir al extranjero, pero prometió hacer todo lo posible por ayudar a la misión desde los Estados Unidos. Sam y Jim estaban más resueltos que nunca, aunque éste comunicó que estaba encontrando oposición en su familia. Su madre tenía más de setenta años y sus hermanas le instaban a no salir al extranjero hasta después de su fallecimiento. A pesar de todo, Jim persistió en sus planes, aunque Sam se dio cuenta que la falta de apoyo de su familia le estaba complicando las cosas.

En la reunión con el doctor Lansing se planeó poner en marcha una misión independiente, y sin denominación, a los árabes. Todos esperaban que la misión fuera asimilada por la Iglesia Reformada Estadounidense una vez que estuviera establecida y funcionara. Por ahora, los tres estudiantes y su profesor eran responsables de su establecimiento. Comenzaron a perfilar el objetivo de la nueva misión, su nombre, y cómo recaudaría y distribuiría fondos. La parte más sencilla fue decidir el nombre de la misión: la Misión Arábiga. Su objetivo fue claro para todos desde el principio: llegar a los musulmanes árabes con el evangelio.

El desafío más difícil era recaudar fondos para empezar. Jim iba un año por delante de Sam y estaba a punto de graduarse. El grupo esperaba poder enviarle muy pronto como primer misionero de la Misión Arábiga, al que seguiría Sam el año siguiente.

Los cuatro hombres decidieron constituir un grupo legalmente reconocido para solicitar donativos que oscilaran entre cinco y doscientos dólares al año. Una persona o grupo de personas podía donar esa cantidad, o incluso un grupo de iglesias podrían colaborar comprometiéndose con cierta cantidad. El dinero se gastaría en enviar y cubrir el salario del misionero, mientras que los demás asociados con la misión serían voluntarios.

La Misión Arábiga carecía ahora de logo, lema y canción, los cuales se decidieron con prontitud. El logo fue una rueda con tres radios[8], en la que cada radio representaba a los tres estudiantes que habían fundado la misión: Jim, Sam y Philip.

El lema surgió a raíz de una oración que el doctor Lansing repetía a menudo en las primeras reuniones de oración: «¡Oh, que Ismael viva delante de ti!». Escogieron éste porque, según el registro bíblico, el pueblo de Arabia era en su mayoría descendiente de Abraham a través de su primogénito Ismael.

Como canción, el doctor compuso un himno que comprendiera el objetivo y las creencias de la nueva misión. Cuando Sam la oyó por primera vez, se le saltaron las lágrimas.

> Hay una tierra hace mucho olvidada,
> Un pueblo aún abandonado,
> Pero elegido en verdad y gracia.
> Y por Él amado.
> Más suave que su brisa nocturna,
> Más rico que sus tiendas estrelladas,
> Más fuerte que su arena protectora,
> Es su amor por ellos.

Cuando Sam salió de aquella reunión en Catskill, creyó que la Misión Arábiga sería una realidad. El planteamiento de la fundación del grupo, que denominaron *Wheel Syndicate Plan*,

---

8   Radio: Segmento lineal que une un punto cualquiera de la circunferencia o de la superficie de una esfera con su centro.

pronto apareció en muchos boletines de iglesia y suscitó mucho interés. Casi de inmediato Sam se dispuso a recabar el dinero y apoyo en oración entre las iglesias del Medio Oeste. Jim hizo lo propio en el este preparándose para partir hacia Beirut, en el Líbano, donde pensaba pasar un año mejorando su destreza en la lengua árabe.

Dondequiera que Sam viajaba, hacía amigos y conocía gente interesada en su nuevo esfuerzo misionero. En el tren a Syracuse, Nueva York, conversó con el obispo Foster de la Iglesia Metodista. Éste quedó tan impresionado por todo lo que Sam le contó que le pidió una copia del *Wheel Syndicate Plan* para publicarlo en la revista metodista *El abogado cristiano*.

Del 2 de septiembre al 6 de octubre de 1889, Sam trabajó incansablemente representando a la nueva misión. Escribió en su diario: «Puede resultar de interés facilitar la lista de iglesias donde se recogieron ofrendas o se iniciaron grupos: Free Grace, Orange City, Newkirk, Sioux Center, Alton, Milwaukee, Alto, Zeeland, Holland, Overisel, Graafschap, y varias iglesias en Grand Rapids». La suma total de dinero recolectado solo ascendía a unos trescientos dólares, pero una mayoría de iglesias firmaron para formar parte del grupo, lo que significó que se comprometieron a donar la misma cantidad cada año.

El 7 de octubre, Sam tomó el tren para ir a pasar unos días con Jim antes de que éste zarpara hacia Beirut. De vuelta a New Jersey, Sam se alegró cuando supo que los cristianos de muchas denominaciones habían hecho donaciones y concedido subvenciones a la nueva misión. La primera donación de cinco mil dólares la hizo una mujer presbiteriana, amiga del doctor Lansing. En total, ingresó suficiente dinero en el banco como para sufragar el pasaje de Jim y su primer año de salario, y se prometieron futuras aportaciones.

El seminario de New Brunswick auspició el 16 de octubre de 1889 una recepción para Jim en la que los estudiantes del seminario le regalaron unos prismáticos[9] declarando que así podría «espiar el terreno» para la Misión Arábiga. Un estudiante declaró en la recepción que con seguridad la misión resultaría un éxito por tratarse de un «equipo fuerte, porque con certeza Zwemer llegaría lejos y Cantine permanecería fiel».

Al día siguiente Sam, apostado en el muelle, observó al barco *Ciudad de Roma* navegar hacia el horizonte con Jim a bordo. Oró para que las cosas le fueran bien y para que en el plazo de un año él también pudiera embarcarse rumbo a Arabia.

---

9   Prismáticos: Instrumento óptico que, mediante un tubo con dos lentes situadas en sus extremos, amplía las imágenes de los objetos lejanos. Los primeros anteojos se usaron como telescopios.

Capítulo 5

Por fin Arabia

En su último año en el seminario de New Brunswick Sam estuvo muy ocupado. Conversaba con cualquiera que estuviese interesado en la Misión Arábiga y se reunía regularmente con el doctor Lansing para orar y hacer planes para el futuro de la misión. Al cabo de poco empezaron a llegar cartas de Jim, quien había llegado a Beirut poco antes del día de Acción de Gracias. Jim residía en Suk-el-Gharb, un pueblo en las faldas de la cordillera del monte Líbano, donde estaba situada la escuela para chicos American Boarding School (o Internado Estadounidense). La vida en Suk-el-Gharb tenía dos propósitos: Jim podía enseñar a los niños inglés y aprender y practicar la lengua árabe. En sus cartas a Sam, Jim le contaba la fascinante historia de dos jóvenes.

El primero, Jedaan, era un joven beduino de la tribu Anazy que había sido enviado por su familia a Suk-el-Gharb en 1887, a vender ovejas. Poco después de llegar al pueblo, Jedaan vio que había un hombre sentado en una tienda leyendo. Apenas había alguno de su tribu que supiera leer, por lo que le fascinó la idea de aprender a leer.

—¿Puede un beduino aprender a leer? —preguntó al hombre con timidez.

—Por supuesto —respondió—. Cualquier hombre en cualquier lugar puede aprender a leer. ¿Por qué lo pregunta?

Para su sorpresa, Jedaan contestó que él quería aprender a leer. El hombre no se rio, como Jedaan había esperado. En vez de ello, le envió a hablar con Ibrahim Ahtiyeh, un maestro protestante en la escuela siria británica de Beirut que estaba pasando el verano en su casa de Suk-el-Gharb. Ibrahim entregó a Jedaan unas fichas con las letras del alfabeto en árabe, y Jedaan se puso a aprender las letras. Día tras día, estudiaba el alfabeto mientras guiaba a sus ovejas por los pastos de la montaña cercana al pueblo, preguntando a todos los que pasaban los nombres y sonidos de las letras árabes y palabras sencillas.

Al final del verano, Jedaan podía leer frases sencillas y ansiaba aprender más. Ibrahim le consiguió lugar en la escuela de Beirut y Jedaan empezó a asistir a los servicios de capilla y a la escuela dominical. Jedaan fue atraído por el cristianismo, se hizo cristiano y fue bautizado el 21 de febrero de 1889. Su fe era clara y sencilla, y no solo mostró deseos de escribir las letras y mantener registros para su tribu, sino también de enseñar a la gente la Palabra de Dios y las enseñanzas de Jesucristo. Jedaan llegó a la escuela de Suk-el-Gharb al mismo tiempo que Jim navegaba hacia Medio Oriente.

El segundo hombre que Jim mencionó en sus cartas a Sam fue un sirio llamado Kamil Abdul Messiah El Aeitany. Kamil llegó a Suk-el-Gharb después que Jim y de inmediato se hizo amigo suyo y de Jedaan. Procedía de un ambiente distinto al de Jedaan. Kamil podía leer y escribir en árabe y había asistido a una escuela militar y aprendido turco. También le gustaba ser piadoso y en seguida empezó a hacer muchas preguntas acerca de su fe musulmana. Decidió ingresar en la universidad jesuita de Beirut y estudiar bajo la tutela de sacerdotes católicos. Éstos le proporcionaron un Nuevo Testamento en árabe para que lo leyera en casa. Cuando el padre de Kamil vio el Nuevo Testamento, lo quemó en el fuego de la cocina.

Al día siguiente uno de los maestros jesuitas instó a Kamil a llevarse a casa otro Nuevo Testamento y en esta ocasión decirle a su padre que lo había comprado para escribir un folleto y atacar su mensaje. De este modo su padre no diría nada. Jim relató en su carta la manera en que Kamil había confrontado al sacerdote.

—¿Acaso me aconseja que mienta a mi padre? ¡Jamás lo haré!

Kamil dejó atrás el Nuevo Testamento y se alejó de allí. No obstante, sus preguntas persistían y no hallaba descanso hasta que le fueran respondidas. Se cuestionaba cómo es que no encontraba nada en el Corán que le mostrara que Dios era justo y aun así capaz de perdonar al pecador. Él sabía que era pecador y que Dios era justo, pero le resultaba imposible comprender cómo Dios era tan misericordioso con los pecadores y a pesar de ello también era justo.

Finalmente Kamil averiguó el camino hasta la casa del doctor Henry Jessup, veterano misionero estadounidense. El doctor Jessup lo invitó a pasar a su casa, conversó largamente con Kamil y le ofreció su estudio para usarlo cuando quisiera. De este modo, Kamil podría estudiar tranquilamente la Biblia sin enojar a su padre. El doctor Jessup también dedicó muchas horas a responder las preguntas de Kamil y sugerirle libros y pasajes de la Biblia que podía leer y comparar con el Corán.

Kamil demostró ser un estudioso diligente de la Biblia. Después de un mes de estudio diario, resolvió abrazar el cristianismo y dedicar su vida a predicar el evangelio a los musulmanes. Puesto que Kamil dominaba la lengua turca, el doctor Jessup le sugirió que fuera a Suk-el-Gharb y enseñara turco en la escuela de niños. Al mismo tiempo estaría rodeado de profesores cristianos que le podían ayudar a conocer la Biblia y entender mejor el cristianismo. Una vez que Kamil llegó a Suk-el-Gharb, Jim lo recibió con los brazos abiertos y se ofreció para enseñarle inglés. Jedem y Kamil se hicieron muy amigos. A Sam le encantaba leer las cartas de Jim, y enviaba boletines de oración solicitando a sus amigos que oraran para que Kamil y Jedaan fueran pronto misioneros a su propio pueblo.

Mientras tanto, Jim escribió un reportaje de una caminata que había emprendido con un evangelista británico y un misionero escocés a lo largo de la costa mediterránea desde Beirut a Jerusalén, pasando por Sidón, Tiro, Haifa y el interior de Palestina. La travesía equivalía a una distancia aproximada de 240 kilómetros. Jim contó acerca de su viaje: «Se consideraba que era un viaje bastante peligroso, y nos preguntaron qué haríamos si éramos atacados por los bandidos. Respondimos que el escocés lucharía, el inglés oraría y el estadounidense correría a pedir ayuda». Sam rio de buena gana cuando leyó esto. Se imaginaba a Jim corriendo deseperadamente por el desierto en busca de ayuda.

Sam se esforzó por obtener buenas notas en sus estudios. También encontró tiempo para estudiar medicina y visitar a cualquiera que estuviese interesado en orar por la Misión Arábiga o contribuir con algún donativo. La promoción de

1890 del seminario de New Brunswick se graduó en mayo. Sam fue ordenado pastor de la Iglesia Reformada el 29 de mayo, mes y medio después de cumplir los veintitrés años. Después de su graduación y ordenación, tuvo tiempo de hacer un viaje relámpago a su casa, antes de partir para reunirse con Jim en Beirut.

El padre y el hermano de Sam habían decidido viajar a los Países Bajos. El padre de Sam había cumplido sesenta y seis años y deseaba visitar su tierra de nacimiento y Fred sentía curiosidad por conocer Holanda. Ambos reservaron pasaje y camarote a bordo del SS *Obdam*, el mismo barco en el que viajaría Sam. La nave zarpó rumbo a Bristol, Inglaterra, desde donde los tres, pensaban ir por tren hasta Edimburgo, Escocia. Sam quería visitar la madre de Ion Keith-Falconer y reunirse con la junta de misiones de la Iglesia de Escocia en el Sur de Arabia, o Misión Escocesa, como muchos la llamaban, ellos enviaron a Ion como misionero a Arabia.

La noche antes de su partida, el Doctor Lansing predicó un apasionado sermón basado en 1 Samuel 30:24–25, en el que desafió a todos los presentes a involucrarse con la Misión Arábiga en todo lo que pudieran. Usó esos versículos de la Biblia para señalar que Dios recompensaría su fidelidad, como también a Sam y Jim por salir de misioneros a Arabia.

El 28 de junio de 1890, Fred y su padre ascendieron por la pasarela que daba acceso al

Obdam y saludaron con la mano a los simpatizantes que habían acudido a despedirles. Sam
se sintió agradecido por todas las personas que
hasta ese momento le habían apoyado. Anhelaba sumarse a Jim para llevar vida y esperanza a
miles de musulmanes. Aprovechó el tiempo de
la travesía por el océano Atlántico para estudiar
árabe y disfrutar tiempos de oración con su padre y su hermano.

El SS *Obdam* no tardó mucho en atracar en
Bristol y los tres miembros de la familia Zwemer
subieron en el tren con dirección a Edimburgo.
Mientras el tren avanzaba, Sam observaba por
la ventanilla el paisaje verde y ondulado donde
pastaban ovejas y vacas. Era similar a lo que
había visto desde las ventanillas de tren por los
Estados Unidos, exceptuando las ruinas de viejos castillos y fortalezas que salpicaban el paisaje inglés y escocés.

Los Zwemer fueron recibidos en la estación
de ferrocarril de Edimburgo por un miembro de
la junta de la Misión Escocesa y trasladados a
Lixmount House, donde la condesa viuda de
Kintore, madre de Ion Keith-Falconer, les aga-
sajó con una calurosa bienvenida. Sam, su hermano y su padre pasaron unos días deliciosos
en Lixmount House. La condesa era una cristiana devota que había tenido siete hijos, cuatro de ellos varones. Dos de sus hijos habían
fallecido siendo adolescentes, y ahora también
Ion, con lo que únicamente le quedaba su hijo

mayor, Algernon. Por el mismo tiempo que Ion había partido para ser misionero en Arabia, Algernon había sido nombrado por la reina Victoria gobernador del Sur de Australia, donde vivía con su esposa y sus hijos. Mientras la condesa relataba a Sam detalles de su familia tuvo que enjugarse las lágrimas, aunque luego resplandecía recordándole que los que habían muerto ya estaban disfrutando en el cielo.

Sam también conoció a los miembros de la junta de la Misión Escocesa, quienes le informaron de sus planes de dedicar un hospital misionero a la memoria de Ion Keith-Falconer. Sam prometió hacer todo lo posible por ayudarles.

Una vez concluida su estancia en Edimburgo, los Zwemer se subieron al tren, esta vez con dirección a Londres, y Sam fue consciente de que esta sería la última vez que pisaba una ciudad de habla inglesa por mucho tiempo. Aprovechó la oportunidad para visitar almacenes y comprar algunos libros. Su mejor hallazgo fue *Los viajes de Charles Doughty por los desiertos de Arabia*. El libro, en dos volúmenes, había sido publicado un año antes. El autor, un inglés, se había incorporado a un grupo de beduinos y merodeado con ellos por Transjordania y el norte de Arabia Saudita, territorios que estaban bajo el holgado control del imperio otomano. Sam encontró la lectura del libro de Doughty fascinante.

Después de pasar un tiempo en Londres, los tres Zwemer se embarcaron en un transbordador para navegar hasta Holanda. Sam sabía que su padre se sentía orgulloso de volver a su tierra natal con dos de sus hijos, ambos pastores. Pero más orgulloso aún se sintió Adriaan de que los dos eran misioneros, uno en las Dakotas y el otro con destino a Arabia. En Holanda fueron invitados a predicar en iglesias de Rotterdam, Leiden y Middelburg, y allí donde hubiera congregaciones interesadas en la obra misionera en Arabia.

Al padre de Sam le gustaba predicar en su idioma nativo, pero a Sam le preocupaba un poco, porque aunque hablaba holandés y había preparado y pronunciado dos breves discursos en esa lengua en Iowa, ahora se encontraba en el centro de la cultura y la literatura holandesa y estaba nervioso. En la primera reunión tituló su charla *Bakermat van den Islam* (Cuna del islam), pero al pronunciarlo mal los oyentes entendieron «Ayudante del panadero del islam». Todos rieron de buena gana por su error, pero escucharon el mensaje muy atentos.

Dondequiera que iban en Holanda Sam hacía amigos fácilmente y conseguía simpatizantes para la Misión Arábiga. También pudo visitar a algunos parientes. Aunque muchos Boons (parientes de su madre) y Zwemers planearon al principio emigrar a los Estados Unidos, sus padres fueron los únicos que lo hicieron. Todos sus abuelos habían fallecido hacía tiempo, pero Sam pudo conocer a una tía, dos tíos y muchos primos.

Desde Holanda, Fred y Adriaan acompañaron a Sam a bordo de un barco por el río Rin hasta Mainz, Alemania, en donde Sam se despidió de su hermano y su padre y tomó un tren hacia Trieste, Italia. Fred y el padre de Sam volvieron con una mezcla de emociones en el mismo barco a Holanda, y después, a Estados Unidos. Una vez en Trieste, Sam hizo transbordo y subió a otro barco que navegó a lo largo de la hermosa costa italiana hasta el extremo de Grecia y luego hacia el este, con destino a Beirut, Líbano.

El 7 de agosto de 1890, Samuel Zwemer desembarcó en Beirut. Jim le estaba esperando en el muelle. Los dos se estrecharon efusivamente. Jim tenía buen aspecto pero estaba más delgado y bastante bronceado. Recorriendo las calles de Beirut a Sam le impresionó cuán distinta era esta ciudad a cualquier otra de los Estados Unidos. Beirut se extendía sobre pequeñas colinas junto al mar Mediterráneo. Era un racimo de varios estilos arquitectónicos y reflejaba la huella de las distintas potencias que habían controlado la ciudad en sus más de cinco de mil años de historia.

Las calles de Beirut eran estrechas, flanqueadas[1] de casas con paredes de adobe, y edificios adornados con altos arcos y columnas. Las mezquitas salpicaban la ciudad y se podían identificar por sus altos minaretes,[2] desde los cuales

---

1 Flanqueadas: Dicho de una cosa: Que tiene a sus flancos o costados otras que lo acompañan o completan.
2 Miraretes o alminar: Torre de las mezquitas, por lo común elevada y poco gruesa, desde cuya altura convoca el almuédano a los musulmanes en las horas de oración.

se llamaba a la oración cinco veces al día. Las calles estaban repletas de gente y animales. Las ovejas balaban, los asnos rebuznaban y la gente hablaba a gritos, generando una cacofonía[3] implacable. En los bazares y mercados emanaba un olor a incienso y especias exóticas. Sam tenía la sensación de haberse introducido en uno de los cuadros de los tiempos bíblicos que solía ver en la escuela dominical.

La llegada de Sam a Beirut fue sucedida por una espiral de actividad cuando Jim le presentó la variopinta[4] gama de misioneros que había llegado a conocer. Uno de ellos era el Dr. Cornelius Van Dyck, de setenta y dos años. El doctor Van Dyck le cayó bien de inmediato a Sam, pues nunca parecía tener prisa, pese a haber conseguido notable éxito. Había enseñado árabe, hebreo, teología, astronomía y matemáticas y era doctor en medicina y pastor ordenado. Cornelius Van Dyck era también respetado erudito en árabe. En un periodo de siete años había traducido toda la Biblia a esa lengua. E incluso viajado a Estados Unidos para supervisar la impresión de la Biblia.

Sam preguntó al Dr. Van Dyck si le podía dar algún consejo para aprender árabe. El anciano sacudió la cabeza.

—Aprender bien el árabe es una tarea que requiere siete días a la semana. La única manera

___

3 Cacofonía: Disonancia que resulta de la inarmónica combinación de los elementos acústicos de la palabra.
4 Variopinta: Que ofrece diversidad de colores o de aspecto. Multiforme, mezclado, diverso, abigarrado.

de conseguirlo es desechar todos los libros y periódicos en inglés y leer, conversar y pensar solo en árabe. Ese será un buen comienzo.

Después se dirigió a Sam y Jim conjuntamente.

—Tienen por delante un camino difícil. No se desanimen si el número de conversos es pequeño. Nunca olvidaré lo que me dijo mi padre cuando intenté derribar un pájaro de una bandada de cuervos que sobrevolaba la vieja granja Kinderhook: «Sigue disparando, hijo. Alguno caerá».

Luego, Sam y Jim visitaron al doctor Henry Jessup, el hombre que había ayudado a Kamil a estudiar la Biblia. El doctor Jessup se alegró de conocer a Sam y le dio un consejo:

—El mejor tiempo para venir acá es cuando la mente es todavía joven y flexible. Yo recibí mi llamado a Arabia cuando me gradué en el Union Theological Seminary en 1855, y nunca lo he lamentado. He vivido lo suficiente como para ver florecer la Universidad Protestante Siria y la Iglesia Siria de Beirut bien establecida. Hace siete años el gobierno de los Estados Unidos me pidió representar al país en Persia, pero rechacé la invitación. Soy embajador para el Rey de Reyes, y no deseo nada más. Hacer posible que jóvenes como Kamil oigan el evangelio es el mayor privilegio que puede tener un cristiano.

Sam asintió a las palabras del doctor Jessup. Estaba deseoso de conocer a Kamil, pero tendría que esperar ya que Kamil había acompañado a Jedaan para evangelizar a su tribu de beduinos.

Después de adaptarse a las nuevas circunstancias, Jim extendió un día un mapa de Arabia en la mesa delante de Sam. Abarcaba una vasta región: Turquía por el norte, toda la costa mediterránea hasta el norte de África, y toda la península arábiga. Muchas tribus y distintos pueblos habitaban la región. Mientras escudriñaban el mapa, Sam y Jim creyeron firmemente que Dios tenía un lugar especial para establecer la Misión Arábiga, aunque todavía no se lo había revelado. Ambos oraban cada día que Dios les manifestara claramente dónde debían de ir. Mientras tanto, Sam acompañó a Jim a clases de árabe y deambuló por las calles de Beirut, para conocer la cultura local y conversar con la gente en árabe.

Un mes más tarde Sam y Jim seguían orando por la ubicación de la misión cuando recibieron un telegrama del doctor Lansing, su antiguo profesor del seminario de New Brunswick. El doctor Lansing estaba en El Cairo, Egipto, y les invitaba a reunirse con él. A Sam y Jim les entusiasmó la idea. El viaje les proporcionaría la posibilidad de ver más de Arabia, y después de haber experimentado la cultura musulmana de primera mano, estaban deseosos de recibir todo consejo de su antiguo profesor.

Capítulo 6

Al otro lado del mar Rojo

Sam y Jim subieron a bordo de un barco que cubría la ruta de Beirut a Alejandría, Egipto. La historia de Egipto abarcaba más de cinco mil años, y Sam anhelaba ver el país sobre el que había leído en la Biblia. El barco navegó por el serpenteante litoral del delta del Nilo hasta que apareció Alejandría por el horizonte. Sam ansiaba poner pie en esta ciudad, porque, junto con Roma, fue un día considerada una de las sedes principales del cristianismo. Sabía que la Iglesia de Alejandría tuvo una vez jurisdicción sobre todo el continente africano, y que con el paso del tiempo se había dividido para formar la Iglesia Ortodoxa Copta[1] y la Iglesia Ortodoxa

---

1   Iglesia copta, fue fundada en Egipto en el siglo I. La palabra copto significa «egipcio». Tiene su origen en las prédicas de Marcos en el siglo I, en tiempos del emperador Nerón. Se la engloba en el conjunto de las Iglesias ortodoxas orientales, que se separaron del cristianismo primitivo por causa del Concilio de Calcedonia de 451.

Griega de Alejandría[2]. Esta ciudad también había albergado la biblioteca más grande del mundo. Sam hubiera deseado verla. Había oído relatos que describían su magnificencia.

Después de dedicar un día a admirar las vistas de la ciudad, Sam hizo transbordo para navegar por el río Nilo hasta El Cairo. Le encantaba observar desde la cubierta mientras el barco avanzaba por el Nilo. Al pasar veía pequeñas aldeas de adobe abrazadas a la ribera y campesinos trabajando en las fértiles campiñas. Sam descubrió que entre los meses de junio y septiembre el río crecía en la estación que los egipcios denominan *akhet* (inundación). Esta inundación anual era la que hacía posible que la tierra junto al Nilo fuera tan fértil para la agricultura.

El Cairo apareció a sobre el Nilo y Sam y Jim pisaron el suelo de la antigua ciudad. Nada más de desembarcar, un grupo de niños les rodeó esperando acompañarles al mercado y las pirámides por algunas monedas. Pero Sam pidió a uno de ellos que les guiara a la casa donde vivía John Lansing. Éste recibió a Sam y Jim en su casa. A Sam le impresionó lo pálido y demacrado que estaba su antiguo profesor. Era como si hubiera envejecido una década en tan solo unos meses. Él les explicó que poco después de que Sam partiera hacia Arabia su salud había sufrido un cambio

---

2 Iglesia ortodoxa de Alejandría: (en griego antiguo, Πατριαρχεῖον Ἀλεξανδρείας καὶ πάσης Ἀφρικῆς) o patriarcado ortodoxo griego de Alejandría y de toda África. Como esta Iglesia utiliza el griego como lengua litúrgica, es llamada en ocasiones Iglesia ortodoxa griega de Alejandría.

repentino. Por lo cual, había decidido viajar con su esposa a El Cairo, la ciudad de su juventud, para ver si un cambio de clima y ubicación le ayudaban a recuperarse antes de asumir sus responsabilidades de profesor en el seminario de New Brunswick. Se disculpó porque su esposa no podía saludarles por estar postrada en cama.

Mientras Sam y Jim tomaban el té, el doctor Lansing les preguntó acerca de las impresiones que habían vivido. Sam confesó que estaba teniendo grandes dificultades para hacerse entender en árabe. Con tantas variaciones sutiles en los sonidos de las palabras le costaba trabajo detectarlas. El doctor sonrió, pero su respuesta no resultó muy alentadora.

—Yo aprendí esta lengua cuando era niño, rodeado de nativos, pero fue todo un desafío. Creo que ahora tendría que atravesar África desde Alejandría hasta el cabo de Buena Esperanza para tener que aprender de nuevo la lengua árabe.

Después de almorzar, se pusieron a hablar del lugar dónde debía echar raíces la Misión Arábiga. Extendieron un gran mapa sobre la mesa y oraron por aquel asunto. A continuación comentaron largo y tendido los pros y los contras de los muchos sitios en los que se podría asentar la misión. La deliberación duró varios días, ya que el doctor Lansing les explicó pacientemente muchos aspectos de la cultura y costumbres árabes. Señaló que la mayor parte de los misioneros se habían dedicado a trabajar con los coptos y los cristianos ortodoxos, muchos de los cuales habían caído en la superstición y las tradiciones y apenas conocían el verdadero poder del evangelio y aunque misioneros creían que si reavivaban la fe de esos cristianos, ellos a su vez podrían ir y predicar a los árabes. Pero en su mayor parte esa estrategia había fracasado.

Lansing también les explicó por qué tan pocos misioneros se sentían cómodos predicando directamente a los árabes. Se presentaban tres retos principales. En primer lugar, estaba la barrera lingüística; se necesitaban varios años para aprender un árabe básico y toda una vida para perfeccionarlo. En segundo lugar, podía ser peligroso predicar a los árabes porque había muchos que no toleraban que algunos extranjeros les dijeran que el cristianismo era la única manera de conocer a Dios. Y en tercer lugar, si un árabe se mostraba interesado en el evangelio, su vida podía correr peligro. Su antiguo profesor les explicó que esto se debía a que las familias árabes eran numerosas y todos se fijaban en lo que hacía cada cual. En sus pocas semanas en Arabia, Sam se había percatado de ello. Los árabes no tenían libertad para escoger su propia senda. Si sus decisiones personales causaban mala impresión en el grupo, ello acarreaba consecuencias. No era nada raro oír relatos de cristianos conversos asesinados por miembros de su propia familia encolerizados por haberse atrevido a cambiar de religión.

Mientras los tres analizaban el mapa y oraban, muchos lugares acudieron a su mente. En particular, el doctor Lansing estaba a favor de trabajar junto a la Misión Escocesa en Shaykh Uthman, una ciudad que era un oasis a trece kilómetros del puerto de Adén. A Sam se le escarapeló[3] el cuerpo ante la posibilidad de trabajar en el lugar donde Ion Keith-Falconer había entregado su vida por causa del mensaje cristiano.

Sam y Jim acordaron viajar a Adén para entrevistarse con los líderes de la Misión Escocesa y averiguar si había allí lugar para ellos. Jim resolvió ir primero en un vapor grande directamente desde Suez, a lo largo del mar Rojo, hasta Adén. Sam decidió recibir unas cuantas lecciones más con el doctor Lansing y se quedó en El Cairo por una semana más antes de zarpar en un vapor más lento, que hacía escala en muchas localidades a lo largo de la ruta.

El 8 de enero de 1891, Sam dejó atrás El Cairo. Le entristeció tener que separarse de su antiguo profesor y amigo. Volver a verle le había inyectado mucho ánimo. Cuando Sam iba a partir, Lansing leyó el Salmo 107:23-24 y 30 en voz audible: «Los que descienden al mar en naves y hacen negocio sobre las grandes aguas, ellos han visto las obras del Señor y sus maravillas en lo profundo... Entonces se alegraron porque las olas se habían aquietado, y Él los guió al puerto anhelado».

---

3 Escarapelo: Poner la piel de gallina.

—Aquí hay una promesa para ti —le dijo el Lansing cuando acabó de leer todo el salmo—. Puede que yo no viva hasta que se cumpla, pero es una promesa de Dios. Hallarás tu refugio deseado en Arabia. No importa lo que acontezca, no te desanimes. No te rindas.

Luego tomó las manos de Sam e hizo una oración de bendición sobre él. Poco después, Sam se deslizaba por el desierto en el tren desde El Cairo hasta Suez. Cuando llegó a su destino varias horas después, echó su primera ojeada al golfo de Suez, en el extremo norte del mar Rojo. La vista le estremeció. Con los años, Sam había leído muchas veces que el faraón había rehusado repetidamente dejar en libertad a Moisés y a los esclavos hebreos y cómo Dios visitó a los egipcios enviándoles diez plagas. Finalmente, faraón dejó salir en libertad a los esclavos, y el pueblo marchó hacia las orillas del mar Rojo. Luego, el faraón cambió de parecer y envió su ejército en pos del pueblo para hacerlo volver a la esclavitud. Pero Dios separó las aguas del mar para permitir a los hijos de Israel cruzar con seguridad. El ejército egipcio se ahogó en el mar cuando las aguas del mar Rojo volvieron a juntarse después de que Moisés y el pueblo hubieran pasado. Sam se maravillaba de aquel relato y del milagro que Dios había hecho, y ahora allí estaba él, contemplando el mar Rojo. Era como si su libro de ilustraciones bíblicas hubiera cobrado vida delante de sus ojos.

En Suez se encuentra emplazada una de las maravillas de la ingeniería, el canal que lleva su nombre, que permite a los barcos pasar del mar Mediterráneo al mar Rojo y viceversa. La ciudad de Suez está situada justo en la entrada sur del canal.

Desde la estación de ferrocarril, Sam se abrió camino hasta el muelle. Compró un pasaje de segunda clase a bordo de un vapor turco con destino a Adén, enclave situado al doblar el extremo sur del mar Rojo. El hombre que le atendió en la oficina marítima se encogió de hombros cuando Sam le preguntó cuánto duraría el viaje.

—Depende de muchos factores —le dijo a Sam—. Puede tardar más o menos tiempo en cargar o descargar, y puede haber pasajeros que embarquen o desembarquen en cualquiera de los puertos. Gracias a Alá, no es la época en que los peregrinos se embarcan para viajar a Yidda, de ser así setecientos u ochocientos pasajeros les acompañarían. Tampoco es extraño tener que parar para hacer alguna reparación.

Cuando Sam vio el barco, comprendió por qué podía ser necesario parar para hacer alguna reparación. La nave ofrecía un aspecto deteriorado, con el casco manchado de óxido. Al recorrer la pasarela que daba acceso al vapor Sam se dio cuenta de que le esperaba toda una aventura. Cajones de madera, barriles, cajas de dátiles y especias se cargaban en la bodega del barco. Un desfile de pasajeros, incluidos africanos ataviados con colores brillantes, árabes e indios que volvían a la India, subieron a bordo. Cuando Sam subió a bordo, se fijó en dos caballeros europeos. El hombre de más edad vestía un traje negro y un sombrero del mismo color de ala ancha, mientras que el más joven vestía de blanco. Sam les saludó con la mano, sabiendo que tendría tiempo de sobra para descubrir quiénes eran una vez que zarparan.

Poco después el vapor soltó amarras y se apartó del embarcadero, para emprender un viaje de dos mil doscientos cincuenta kilómetros por el largo y estrecho mar Rojo hasta Adén. En su parte más ancha, el mar Rojo tiene poco más de trescientos cincuenta kilómetros de ancho. Estando en la cubierta, los dos europeos se le acercaron. El hombre de más edad extendió la mano para estrechar la de Sam y anunció:

—Soy el reverendo Thomas Valpy French, y este es mi compañero, el señor Alexander Maitland. Encantado de conocerle Sam se quedó boquiabierto. Tenía delante de sí al ex obispo anglicano de Lahore, Paquistán. Sam le conocía por su reputación. El señor French había salido de Inglaterra en 1850 para la India, en donde prestó servicio misionero con la Church Missionary Society. Fundó el St. John's College en Agra, la India, antes de ser enviado a Lahore, donde fue nombrado arzobispo sobre una gran diócesis que incluía Lahore, el Punjab y el noroeste de la India. También había fundado el

Divinity College de Lahore y supervisado la traducción de la Biblia al indostaní[4] y al pastún.[5]

A medida que el barco descendía por el golfo de Suez, el calor se tornó intenso. Sam comprobó que la cubierta de popa era el sitio más fresco de la nave, Sam conversó con ellos y el señor French, le explicó que algunos problemas de salud le habían obligado a volver a Inglaterra en 1887. Cumplidos los sesenta y seis años se sentía mucho mejor y había resuelto abrir un punto de misión en Mascate, Omán. Sam le habló de la Misión Arábiga y de su plan de reunirse con Jim Cantine en Adén para buscar una ubicación adecuada para su establecimiento. Thomas escuchó y animó el empeño misionero de Sam.

Dos días después de zarpar de Suez, el barco echó anclas frente a la ciudad de Yidda. Sam descendió del vapor y se subió en un *sambuk* (bote árabe tradicional) para recorrer los dos kilómetros que les separaban de la orilla. La costa que circunda Yidda está salpicada de pequeñas colinas desiertas, pero la ciudad era hermosa. Había

4 Indostaní: Es una *lingua franca* de la India actual que apareció antes de la partición en 1947. Está basada en la lengua kari boli, dialecto originario de Delhi, Meerut y Sahāranpur, que fue esparcido por toda la India durante el periodo mogol por los mercaderes. A finales del siglo XVIII y principios del XIX la lengua fue catapultada al editarse un diccionario y varias gramáticas. El nombre indostaní fue propuesto por el editor del diccionario, John Borthwick Gilchrist (1759–1841), quien fue el primer presidente del Fort William College en Calcutta. Del indostaní coloquial surgieron dos lenguas literarias: la hindi y la urdu

5 Pastún: Pashto o pashtún, también conocida como afgano, está difundida por el territorio de Afganistán (sobre todo en las provincias meridionales y centrales) y en las regiones noroccidentales de Pakistán, próximas a la frontera afgana. Los primeros documentos en pashto se remontan al siglo XVI d. C., aunque solamente hacia 1930 fue reconocido el pashto como lengua oficial de Afganistán.

muchas casas de dos pisos decoradas con celosías[6] lujosamente talladas. El bazar estaba ates-
tado de gente y hervía con el bullicio de los clientes que regateaban con los tenderos para obtener
el mejor precio. Estando en Yidda Sam visitó la
tumba de Eva, cerca de la puerta de La Meca.

A última hora de la tarde, Sam subió a bordo de un *sambuk* para regresar al barco, donde
halló a Thomas French descansando en la cubierta de popa. El obispo le contó que había ba-
jado a tierra con dos Biblias en árabe escondidas
en los bolsillos de su capa y tenido oportunidad
de compartir el evangelio en dos ocasiones. Un
mullah, o clérigo musulmán, le había pedido un
ejemplar de la Biblia, y Thomas se lo regaló. Le
impresionó la audacia del hombre. La Biblia estaba prohibida en Yidda, hasta tal punto de que
una persona que la exhibiera podía ser atacada
e incluso asesinada por una turba. Pero Thomas
había llevado dos consigo, y además, predicado
abiertamente en la calle. Sam se rio entre dientes
al imaginarse a Thomas French predicar. Thomas hablaba árabe clásico, no el árabe común
que se hablaba en la ciudad, y Sam dudó que los
que le oyeron entendieran algo de lo que les dijo.

Desde Yidda el vapor se dirigió rumbo sureste hasta Suakin, puerto de Sudán al otro lado
del mar Rojo. Suakin era un puerto antiguo y
desvencijado. Sam se encontró allí con un cristiano, el doctor Harpur, y varios ayudantes que

---

6 Celosías: Enrejado de listoncillos de madera o de hierro, que se pone
en las ventanas de los edificios y otros huecos análogos, para que las
personas que están en el interior vean sin ser vistas.

colaboraban en un trabajo humanitario cuidando de sesenta huérfanos en una gran tienda. Un domingo, mientras el barco permanecía atracado en Suakin, Sam asistió a un servicio de comunión que Thomas French dirigió para los cooperantes humanitarios en la casa del cónsul de Bélgica.

Desde Suakin, el barco navegó hacia el sur por espacio de día y medio a lo largo de aguas crispadas junto a la costa occidental del mar Rojo. El cabeceo y balanceo de la nave hizo a Sam sentir muchos mareos. Aun después de atracar el barco en Massawa y de bajar a tierra, Sam podía notar sus efectos. Massawa formaba por entonces parte de la colonia italiana recientemente establecida en Eritrea, y los italianos estaban muy ocupados consolidando el control de la región y construyendo suntuosos edificios cerca del puerto. Los cafés y las *trattorias* abundaban junto al mar y eran frecuentados por italianos y otros europeos.

En las afueras de Massawa había una casa de misión que Sam visitó acompañado de Thomas. La misión contaba con un personal de dos pastores y dos mujeres. A Sam le impresionó la manera en que cuidaban y alimentaban a más de ochocientas personas hambrientas con provisiones diarias suplidas por Suecia y los Estados Unidos.

Desde Massawa, el vapor volvió a cruzar el mar Rojo hasta la orilla oriental para tocar en el puerto de Hodeida, donde ancló a tres kilómetros de la costa y Sam fue transbordado a tierra en *sambuk*. Hodeida contaba con varios bazares muy concurridos y estaba bajo un control relajado de los turcos.

Esa misma noche Thomas refirió a Sam que había conocido en Hodeida a un oficial turco de alto rango, que le escuchó sentado mientras él predicaba.

—Pareció impresionarle mi mensaje más que yo. Cuando ya se retiraba, me envió un bonito y útil bastón, que me vi obligado a agradecérselo subiendo unos peldaños como pude arrastrando mis fatigados pies, hasta su lujosa pieza situada más arriba. El oficial aceptó una copia de la Biblia y me besó la mano con afecto y gratitud —relató Thomas. Luego añadió—: Una y otra vez uno recibe pequeñas pruebas de la bendición de Dios y apoyo servicial en una labor en la que se suele, inevitablemente, sufrir desánimo.

Sam asintió. Ya sabía por experiencia cuán difícil y descorazonador podía resultar predicar el evangelio a musulmanes árabes. Pero su entusiasmo de ver la Misión Arábiga establecida no disminuyó.

Desde Hodeida, el vapor se dirigió hacia el sur a través del estrecho de Bab-el-Mandeb, en la entrada del mar Rojo, dejó a un costado la isla de Perim y navegó por el golfo de Adén. Quince días después de zarpar de Suez, el vapor turco atracó en Adén.

Capítulo 7

Adén

Lo primero que llamó la atención de Sam cuando desembarcó en Adén fue el gran número de soldados británicos que deambulaban de un lado a otro. Pero esto ya se lo esperaba. Thomas French, quien ya había visitado Adén varias veces, le había explicado que Adén era muy importante para los británicos, quienes se hicieron con el control de la ciudad portuaria para evitar el ataque de los piratas a los barcos británicos que seguían la ruta de la India. Con el paso de los años Adén se había convertido en una escala importante para barcos que cargaban carbón y provisiones.

Sam apreció en seguida la eficiencia con que los británicos organizaban las cosas. Su equipaje fue prontamente gestionado en la aduana, y nadie extendió la mano para recibir coima, soborno, o *basheesh*, como se le llamaba, por sellarle el pasaporte. Sam ayudó al Sr. French y su ayudante, Alexander Maitland, a pasar por la aduana e inmigración antes de apresurarse a salir a la zona no acordonada donde pudo ver a Jim Cantine agitando las manos. Sam y Jim se saludaron y éste llamó a un muchacho porteador para trasladar el equipaje de Sam.

Jim rebosaba de información.

—La vida aquí es todo un desafío —comenzó diciendo—. Espero que no te importe, pero he alquilado una casita en Ciudad del Cráter. Es un poco estrecha pero está en el centro de todo. Estoy deseando de que conozcas al señor Brunton, agente de la Sociedad Británica y Extranjera. Ha sido muy amable conmigo. También he visitado al reverendo Gardner en la Misión Escocesa de Shaykh Uthman. Cuenta con una instalación muy interesante y me llevó a ver la tumba de Ion Keith-Falconer.

—¿Crees que la Misión Arábiga puede arraigar aquí? —le preguntó Sam. Jim hizo una mueca.

—No estoy seguro. He conversado con el señor Brunton acerca del asunto y dado paseos en oración. El gran problema es la presencia británica en la región. Todo lo tienen atado. Nada sucede sin su permiso, y dicen que es casi imposible obtener permiso para viajar hacia el interior. Hay puestos de control británicos en todas las carreteras que salen de Adén. Además, hay un buen porcentaje de gente procedente de Somalia. Creo que queremos concentrarnos más en la población árabe local, ¿no es así?

Sam asintió un poco distraído al ver a un niño doblado en posición casi horizontal cargando a duras penas un saco de dátiles sobre su espalda. Luego repuso:

—Ya veremos. Mientras tanto debemos aprender todo lo que podamos de los misioneros que hay aquí y progresar en el idioma —«y evitar contraer la malaria», quiso añadir, cuando recordó que Ion solo había sobrevivido diez meses después de desembarcar en Adén, pero no lo dijo.

Sam sabía que había llegado a Arabia para laborar, y morir, si era necesario. Esto formaba parte del compromiso que había hecho cuando firmara la promesa con el Movimiento Voluntario Estudiantil cuatro años antes, y nunca tuvo duda del precio que podría tener que pagar en algún momento.

—¿Has traído algún correo contigo? —le preguntó Jim.

—No —contestó Sam—. No recibí ninguna noticia mientras estaba en El Cairo—. ¿Y tú, recibiste alguna?

Ninguna noticia, pero escribí a Kamil para ver si estaría dispuesto a sumarse a nosotros —dijo Jim—. Creo que él podría empezar de inmediato entre los beduinos, y nosotros podríamos apoyarle y aprender de él. ¿Qué te parece?

—Me parece una gran idea —repuso Sam—. Claro, todavía no le conozco, pero todo lo que me has hablado de él me hace pensar que sería un buen compañero. Espero que pueda venir.

Esa tarde los dos jóvenes estadounidenses salieron para conocer el resto de Adén.

—Este lugar es sorprendente —dijo Jim mientras caminaban—. Su historia es increíble. Hay capas y más capas de historia bajo estos edificios. Algunos afirman que es el lugar donde fueron enterrados Caín y Abel, y que hay siete sinagogas judías. Los judíos han estado en Adén y sus alrededores por siglos. Muchos de ellos son talentosos artesanos y artífices[1].

Sam y Jim serpentearon por las calles de Ciudad del Cráter. La ciudad de Adén fue edificada en torno a un volcán inactivo que formó una península conectada con el continente por un istmo. Ciudad del Cráter recibió este nombre porque estaba ubicada en el cráter de un viejo volcán. Sam y Jim caminaron hacia la pared noreste del cráter, donde se habían excavado escalones en la roca negra.

—¿Estás dispuesto a ascender? —le preguntó Jim—. Esta escalinata conduce hasta Shem-San, el punto más alto de Adén. Es una senda zigzagueante hasta la cima, donde hay una estación de señales para el tráfico marítimo. Es una escalada[2] muy pronunciada, pero desde arriba se

---

1   Artífices: Persona que cultiva las bellas artes. Persona que ejecuta una obra con habilidad o destreza.

2   Escalada: Acción y efecto de escalar, (subir por una pendiente o a una gran altura).

consigue una excelente panorámica de la Puerta de las lágrimas y del golfo de Adén.

—En marcha —dijo Sam con una sonrisa—. No hay nada como un desafío.

Los dos hombres ascendieron por la inclinada loma del cráter, resbalando sobre la arena y fragmentos de lava. Se detuvieron varias veces para recobrar aliento antes de alcanzar la cima. Como Jim había prometido, las vistas eran magníficas. Sam pudo contemplar los distintos sectores de Adén extendidos ante sí. Al otro lado del puerto vio las desoladas colinas del territorio continental.

—Ahora entenderás por qué Adén es un puerto tan excelente —señaló Jim—. Los árabes cruzan el desierto con café, dátiles, especias y lana para comerciar, y los barcos pasan por aquí constantemente. Los británicos necesitaban un lugar así para proteger sus barcos de los piratas y también porque se encuentra a medio camino entre Zanzíbar, Bombay y Chipre, en el Mediterráneo, todos ellos bajo control inglés. Es una base perfecta para el reabastecimiento y aprovisionamiento de barcos que pasan por el canal de Suez.

—Sí, el señor French me lo contó esta mañana cuando nos acercábamos al puerto —dijo Sam.

Esa noche Sam apenas pudo dormir. Cuando se relajó y cerró los ojos aún podía sentir el balanceo del vapor. Oyó ruidos extraños, crujidos de insectos en las esteras tendidas en el suelo, ladridos de perros, y la rítmica cadencia[3] de los guardias británicos patrullando las calles.

Al día siguiente fueron a ver más cosas. En esta ocasión Jim llevó a Sam a contemplar una de las maravillas de la antigüedad: las cisternas de Tawila, que eran una serie de depósitos de formas y capacidades diversas esculpidas en la roca volcánica de Wadi Tawila, más arriba de Ciudad del Cráter. Jim explicó a Sam que los depósitos tenían unos dos mil años de antigüedad, aunque nadie lo sabía a ciencia cierta. Cuando los británicos se hicieron con el control de Adén en 1839, las cisternas estaban muy deterioradas. Los ingenieros británicos repararon y modificaron los depósitos, que por muchos años habían almacenado agua para Adén. Los británicos estaban desalinizando agua del mar, que era la que usaban la mayoría de los europeos. Los nativos obtenían el agua transportada en carros tirados por camellos desde los pozos del interior.

Sam quedó impresionado con el ingenioso diseño de las cisternas y el servicio que habían prestado durante siglos. También se le ocurrió una nueva idea en cuanto al agua. En una carta, escribió a su padre: «Vivir en un lugar tan seco me recuerda lo importante que era el agua en los tiempos bíblicos. Cuando Jesús dijo que Él era el agua viva y que cualquiera que tuviera sed

---

3   Cadencia: Ritmo o repetición de determinados fenómenos, como sonidos o movimientos, que se suceden con cierta regularidad.

viniera a beber de Él para calmarla, la gente que le oía ciertamente entendía cuán preciosa era el agua y el don maravilloso que Jesús les ofrecía».

Después de visitar las cisternas de Tawila, Sam y Jim se dirigieron a Shaykh Uthman, en las afueras de Adén, para visitar la tumba de Ion Keith-Falconer. Sam se conmovió profundamente junto a la tumba del joven cuya vida le había ayudado a pensar en Arabia como campo de misión. También se acordó de la madre de Ion, a quien había visitado meses antes en Escocia. Al hacer una oración por ella, recordó las palabras de Jesús en Juan 12:24: «De cierto, de cierto os digo, que si el grano de trigo no cae en la tierra y muere, queda solo; pero si muere, lleva mucho fruto». Sam esperaba que el sacrificio de Ion produjera mucho fruto en Arabia y que él pudiera jugar un papel clave para que esta verdad se cumpliera.

Menos de dos semanas después de llegar a Adén, Sam tuvo serias dudas acerca de si viviría para ver ese fruto. Él y Jim cayeron enfermos con malaria, la misma enfermedad tropical que se había cobrado la vida de Ion. Los huesos de Sam le dolían tanto como si hubieran sido golpeados con un martillo, y el cuerpo le temblaba irrefrenablemente. Su único alivio era cuando perdía la conciencia. El médico inglés que les atendió les introdujo cucharadas de amarga quinina por la garganta y cubrió con sábanas humedecidas su piel calenturienta.

Después de varios días los peores síntomas empezaron a remitir. El médico advirtió a Sam y a Jim que esos brotes reaparecerían durante años:

—Un día se sentirán bien, y el día menos pensado, sin aviso previo, tendrán fiebre y no podrán hacer nada hasta que la fiebre remita.

Sam acató el pronóstico con un ligero movimiento de cabeza. En sus cursos privados de medicina, mientras asistía al seminario de New Brunswick, había estudiado la malaria y sabía que lo que decía el médico era verdad. Una vez que el paludismo entraba en el cuerpo, nunca salía.

—Con todo —el médico se alegró—, tienen mucho por lo que estar agradecidos. Ambos se van a recuperar, cosa que no puedo afirmar de todos mis pacientes de malaria, aunque algunos sean tan jóvenes y fuertes como ustedes.

La mirada de Sam se encontró con la de Jim. Él sabía que ambos estaban pensando en Ion y en su muerte a pocos kilómetros de donde yacían enfermos.

Tanto Sam como Jim ya empezaban a sentirse mejor cuando sucedió algo que le les levantó el ánimo. El 7 de febrero de 1891, Kamil se presentó en la puerta de su casa. Estaba listo y deseoso de iniciar su labor con la Misión Arábiga. Sam fue de inmediato consciente de la ventaja que representaba Kamil. No solo hablaba impecablemente árabe e inglés, sino que también era un excelente estudioso del Corán y del Antiguo y Nuevo Testamentos. Podía comparar y contrastar las ideas principales de esos textos de manera tan sucinta como lo haría cualquier profesor de teología que hubiera escuchado.

Kamil se puso en seguida manos a la obra, yendo al lugar donde estaban las caravanas de árabes reunidas en las afueras de la ciudad. Al entablar conversación con los guías de camellos acerca de Jesús, otros jinetes interrumpían sus quehaceres y se detenían para escuchar y polemizar. De este modo, no era raro que Kamil atrajese grupos de cincuenta o cien personas, y le escucharan todos proclamar el evangelio y explicarles su relación con el Corán.

Un mes después de la llegada de Kamil, a Sam y Jim les pareció obvio que Adén no sería un buen principio para el establecimiento de la Misión Arábiga. El lugar era demasiado pequeño y sometido al yugo británico. Decidieron explorar más lejos. Jim se quedaría en Adén, y Sam y Kamil viajarían a lo largo de la costa sur de Arabia para espiar la tierra. Pusieron sus ojos en Al Mukalla, ciudad portuaria situada a casi quinientos kilómetros, en la costa oriental.

Los dos varones zarparon de Adén a bordo de una balandra[4] de unos dieciocho metros de eslora,[5] o *saai*, llamada *Mubarakat* (Bendecida), el 19 de marzo de 1891 por la tarde. Pusieron

---

4 Balandra: Embarcación pequeña con cubierta y un solo palo.
5 Eslora: Longitud que tiene la nave sobre la primera o principal cubierta desde el codaste a la roda por la parte de adentro.

rumbo a Balhaf, situada a unas tres cuartas partes de distancia de Al Mukalla. En el equipaje llevaban 120 Biblias y Nuevos Testamentos que habían comprado al señor Brunton, de la Sociedad Bíblica Británica y Extranjera. Sam y Kamil esperaban venderlos durante el viaje. Eran bastante baratos, pero su precio aseguraba que los compradores se propusieran leerlos. Sam y Kamil llevaron también una carta de presentación de un oficial británico en Adén al sultán de Al Mukalla.

La *Mubarakat* tenía un mástil[6] corto y pesado que sostenía una pequeña vela. La vela estaba remendada y la balandra estaba aparejada con hojas de palmera. Carecía de cabina, y como Sam y Kamil eran los únicos pasajeros de primera, tuvieron que ir sentados en una canoa que había sido izada a bordo, encajonada entre pacas de algodón y café.

Poco después de zarpar de Adén, la tripulación comenzó a preparar la cena. Corría el mes del Ramadán, época en la que los musulmanes ayunan por el día, aunque la tripulación aseguró a Sam que cocinarían para ellos durante el día. Resultó que ni Sam ni Kamil quisieron comer las primeras veinticuatro horas del viaje. Por la noche, se levantó el viento y las olas se agitaron, provocándoles mareos. El segundo día se sintieron bastante bien como para conversar con el capitán, los marineros y los pasajeros —veinticinco personas en total—. Todos

6   Mástil: Palo de una embarcación.Palo menor de una vela.

estuvieron dispuestos a oír el evangelio, y el tercer día dos pasajeros compraron Biblias para leerlas por su propia cuenta.

Sam se maravilló de lo bien que Kamil podía usar el Corán para probar que la Biblia era verdadera y de la respuesta de sus oyentes a lo que les decía. Kamil era siempre respetuoso y respondía las preguntas concienzudamente. Cuando llegaron a la localidad de Shefra para abastecerse de agua, los pasajeros pidieron a Kamil que les leyera porciones de la Biblia en voz alta.

Kamil usó el *tajweed*, o entonación musical que precisa la recitación islámica cuando se lee el Corán en voz alta. Los pasajeros y la tripulación escucharon encantados, embelesados, y cada vez que Kamil hacía una pausa, le rogaban que continuase.

El 23 de marzo, Sam y Kamil se reunieron con sendos grupos de marineros y les hablaron del plan de salvación y de las profecías del Antiguo Testamento que anunciaban la venida de Jesucristo. Los marineros hablaron entre sí y luego dijeron a Sam: «Vemos que no son infieles como habíamos supuesto. Ustedes hablan palabras de vida que entendemos». Después, cada vez que Kamil leía la Escritura en voz alta, los hombres gritaban: *«Zein, zein, wallah zein; laisoo b'kuffar»* (Muy bien; en el nombre de Alá, bien; no son infieles).

Era más de lo que Sam había esperado. Tanto los marineros como los pasajeros estaban abiertos al mensaje que Kamil y él trataban de comunicarles.

Sam se cuestionó si había gente que vivía en el interior y se lo preguntó al capitán.

—Sí, hay gente —respondió el capitán—, como la arena que no se puede contar. Les gobiernan muchos sultanes que están en guerra perpetua, y se ven obligados a hacer la paz con la ayuda de los jueces. No hay arroyos ni ríos. Y el agua procede principalmente de la lluvia. Hay algunos pozos, pero no muchos.

El 25 de marzo navegaron hasta Al Irqah, localidad donde está enterrado el jeque Abderramán el Badas. Los árabes consideraban que ese jeque —anciano islámico— era un santo. Sam y Kamil desembarcaron de la *Mubarakat* para estirar las piernas y visitar la ciudad. Solo habían recorrido algunas calles cuando dos hombres se les acercaron. Kamil habló primero.

—¿Conocen el evangelio y han oído hablar de Cristo? —les preguntó.

—Nunca hemos oído hablar de Cristo, ni sabemos lo que es el evangelio —replicó uno de ellos. Kamil les explicó brevemente el evangelio mientras ellos escuchaban atentamente. Los hombres les invitaron a su casa para que les contaran más. Sam volvió a la embarcación para rogar al capitán detenerse allí un poco más de tiempo, pero el capitán se opuso. Le explicó que el puerto era inseguro para atracar y pasar la noche y tenían que seguir hacia su destino.

Sam se sintió decepcionado al abandonar Al Irqah, pero también animado sabiendo que la gente estaba abierta al evangelio.

El lunes 27 de marzo, navegaron hasta Balhaf, destino de la *Mubarakat*. Sam lamentó tener que despedirse de la tripulación, ya que le habían comprado seis Nuevos Testamentos.

Una vez en tierra, Sam tuvo que buscar la manera de recorrer los últimos ciento treinta kilómetros hasta Al Mukalla. Los nativos pedían mucho dinero por acompañarles en camello. No había burros para comprar ni alquilar, y no había más chalupas amarradas en el puerto. Finalmente, Sam compró un pasaje en una barca de ocho metros de eslora, llamada *flook*.

Solo un capitán y dos marineros iban a bordo, y uno de ellos tenía que cumplir la tarea de achicar agua antes incluso de que la barca saliera del refugio a modo de puerto. Sam habló con el capitán y los marineros acerca del cristianismo, y Kamil se ofreció para leerles el evangelio de Juan. La tripulación no tenía ningún interés, escupieron cuando Sam o Kamil intentaron hablarles. El capitán se quejó de tener que restregar toda la barca al final del viaje, ya que hombres «inmundos» habían viajado en ella. Sam y Kamil emplearon su tiempo orando y leyendo la Biblia en silencio mientras la embarcación navegaba hacia Bir Ali, pequeña población comercial con excelente abastecimiento de agua.

Sam y Kamil partieron de Bir Ali el 29 de marzo, muy preocupados. El viento se levantó y las olas eran más altas de lo que habían experimentado en Arabia. Al cabo de poco, el viento aullaba, y los marineros tuvieron que aferrarse con una mano al costado de la barca mientras intentaban achicar agua con la otra. Todo, incluido el equipaje y las preciosas Biblias en Árabe se mojó. Sam comenzó a tiritar. Se caló hasta la piel, y sentía el viento como si le estuviera flagelando. Empezó a cantar himnos en inglés y Kamil le acompañó. Entonces, cuando las olas eran más altas que las palmeras, los dos hombres se dieron mutuamente voces de ánimo.

Sam se dio cuenta de repente que el capitán les estaba gritando:

—Tenemos que ir a la orilla hasta que pase la tormenta. No podemos vencerla.

Sam asintió con fuerza, mientras los dos marineros agarraban los remos y emprendían la dificultosa tarea de dominar la embarcación. Pasó algún tiempo hasta que Sam notó la rozadura de la arena debajo del casco. Los marineros saltaron —medio a nado, medio a pie, y arrastraron la barca hasta la playa. Tras librar una dura batalla Sam y Kamil saltaron al agua. Sujetaron la barca y ayudaron a arrastrarla a tierra hasta que por fin lograron asegurarla.

Fue maravilloso volver a pisar tierra, pero Sam notó que el capitán parecía nervioso. Sus ojos miraban erráticos de un lado a otro, como si quisiera decir algo. De pronto, apareció un beduino con una larga lanza. Su aparición fue tan repentina que Sam se preguntó si les había estado esperando.

El beduino les saludó y los hombres le correspondieron. Y volviéndose hacia Kamil le dijo:

—Será mejor que no se detengan en este desierto. Está lleno de beduinos hostiles que les matarán o les robarán todo lo que tienen.

Kamil se enderezó y replicó:

—No tememos a nadie, porque Dios está con nosotros y somos sus discípulos. Si Dios está con nosotros, ¿quién se nos puede oponer?

El hombre gruñó y desapareció tan rápidamente como había aparecido.

—No le perderemos de vista —dijo el capitán con gesto sombrío—. Oigan lo que digo. Es un buscador. Tendrán puestos los ojos en nuestra barca y el equipaje. Habría sido mejor correr riesgos en el mar.

Cinco minutos después Sam vio una figura sombría bajo la lluvia, y después otra. Ambas estaban armadas con flechas y lanzas.

Capítulo 8

Nuestros corazones han cambiado

Sam se quedó inmóvil y observó a los dos hombres de aspecto sombrío, con lanzas sobre sus hombros, que avanzaban decididamente hacia la barca. Cuando estuvieron bastante cerca Sam pudo distinguir los patrones de sus vestimentas. Entonces se detuvieron y saludaron. Sam sonrió y devolvió el saludo, como también Kamil. El capitán y la tripulación se quedaron de petrificados,[1] como estatuas enclavadas en la arena.

—Queremos café. Tienen que darnos café como alquiler por pisar esta tierra. Es nuestra, y no tienen derecho a estar aquí —dijo uno de los hombres. Hubo un silencio tenso. Sam esperaba que el capitán diera la cara, pero guardó silencio.

1   Petrificados: Dejar a alguien inmóvil de asombro o de terror.

—Queremos café. Dennos café —repitieron los beduinos con voz más áspera. Sam se decidió a decir algo en vista de que ninguno reaccionaba.

—No les daremos café, pero pueden quedarse con algunos dátiles.

—No. Café —dijo el otro hombre, señalando con su lanza a Kamil.

—Café, no —replicó Sam mirando al hombre a los ojos. Hubo otra larga pausa.

—No queremos sus dátiles. Si no nos dan café, nos quedaremos con su dinero. Tienen que pagar el alquiler. ¿Entienden? Están violando nuestra tierra. Si quieren un viaje seguro tendrán que pagarnos.

Sam negó con la cabeza.

—Dinero no —dijo.

De pronto, con el rabillo del ojo notó movimiento. En pocos segundos una aglomeración de mujeres y niños les rodearon y asediaron como abejas, agarrando la ropa de los hombres, metiendo la mano en las bolsas de comida y tirando de la barca. Eran demasiados para poder detenerlos, y Sam sabía que tenían que actuar rápidamente o serían despojados de todo lo que tenían. Miró a Kamil y supo que pensaba lo mismo que él. Kamil respiró hondo y gritó:

—No les daremos dinero, pero piénsenselo bien antes de atacarnos. El capitán tiene una pistola con la que puede matar a cinco o seis en un abrir y cerrar de ojos. Si luchamos, algunos de ustedes y algunos de nosotros, con seguridad, moriremos. Yo no me preocupo por mí mismo, porque tengo algo en mi corazón que me guarda, porque mi conciencia descansa en el Señor Jesucristo, pero ¿qué será de ustedes?

Sam esperó a ver qué respuesta daban a esta advertencia, pero era como si los beduinos no hubieran oído las palabras de Kamil. Un grupo de mujeres se incautaron de la barca y empezaron a repetir: «No les dejaremos ir», «no les dejaremos ir».

Sintiendo que era el momento de hacerse con el control, Sam sacó su navaja, la abrió y se acercó al jefe de los beduinos. Le miró a los ojos extendió la mano y cortó un trocito de abalorio que colgaba del cuello del hombre.

—Amigo, esto es para recordarle —dijo.

El beduino se mostró confundido y todos guardaron silencio.

—Puedo cambiarle estas cuentas por medicamentos que tengo en la barca y explicarle cómo puede tratar sus enfermedades, pero antes tienen que apartar las lanzas. Sam siguió sujetando la lanza del hombre contra la arena. Kamil hizo lo propio con la lanza del otro hombre y empezó a orar en voz alta. Las mujeres y los niños dejaron lo que hacían y escucharon.

—Oh Dios del universo, que hizo cada grano de arena que pisamos. . . —Kamil oró ajustándose al estilo del rezo musulmán mientras hablaba de Moisés, la venida de Cristo y el poder del Espíritu Santo.

Sam observó la escena como si alguien hubiera embrujado a los beduinos. Nadie se movió mientras oraba Kamil. Después de media hora, Kamil concluyó diciendo:

—En el nombre y el honor del Señor Jesucristo, nuestro Redentor y Salvador.

Todos los beduinos respondieron unánimemente: «Amén y amén». Entonces, uno de los hombres exclamó:

—Nuestros corazones han cambiado. Jamás volveremos a asaltar caminos, robar en la carretera o hablar ásperamente a los extranjeros.

—Nos iremos ahora —dijo Sam con autoridad. Los beduinos se apartaron para permitir que Sam y Kamil se subieran a la barca y dijeron:

—*Ma-es-Salameh*. Vayan en paz. Que Dios les guarde.

—La tormenta estaba aún activa cuando el capitán y los marineros empujaron la barca en el agua. Todos se subieron a bordo y se apartaron de la playa. El capitán giró el timón y dirigió la proa de la embarcación en dirección opuesta a la que habían venido.

—Verdaderamente somos agua en el agua —gritó Kamil a Sam entre el viento y las olas. Sam movió afirmativamente la cabeza y rogó a Dios en silencio que el capitán escogiera sabiamente la decisión que convenía tomar.

—Vamos a regresar a Bir Ali —anunció el capitán—. No llegaremos a Al Mukalla en estas condiciones —luego añadió—: Ustedes son nuestros hermanos. Si pasa algo, daremos nuestras vidas por ustedes.

Aunque Sam sabía que la barca todavía corría peligro de naufragar, permaneció en silencio, lleno de gozo y asombro. Apenas podía creer la escena que acababan de vivir. Parecía tomada del libro de los Hechos de los Apóstoles. Mientras estuviera vivo, recordaría siempre la oración de Kamil.

—Tiburones. A la izquierda —gritó Kamil, interrumpiendo los pensamientos de Sam. Éste miró a su costado y ciertamente divisó una aleta triangular en un remolino de espuma blanca.

—No se preocupen —gritó uno de los marineros. Buscó en el fondo de la barca con una mano y sacó triunfante una pandereta.

—Este percutor les mantendrá alejados —dijo golpeándolo con la palma de la mano.

Sam esbozó una ligera sonrisa. Tenía más fe en que Dios les protegería que en una pandereta.

La barca llegó a Bir Ali a salvo. Sam and Kamil encontraron alojamiento y secaron su ropa. Afortunadamente, las Biblias y los Nuevos Testamentos no habían sufrido daños. Habían sido envueltas en hule, y aunque las tapas estaban húmedas, las páginas no.

Una vez que se secaron y se calentaron, Sam y Kamil debatieron las opciones que tenían. Como ninguno de los dos quería volver a navegar en barca, ambos rogaron a Dios que un barco más grande hiciera escala en el puerto. Y así fue. Al día siguiente vieron un barco grande entrar en el puerto de Bir Ali. Sam y Kamil en seguida se hicieron amigos del capitán y averiguaron que los cuarenta marineros que iban a bordo eran de Mascate, en el golfo de Omán, y se dirigían a casa.

El jueves por la mañana corrió la noticia de que había dos cristianos a bordo, y Sam se vio rodeado de marineros que deseaban medicamentos para varias dolencias. Mientras Sam atendía a sus dolencias, Kamil sacó un Corán y manifestó a los marineros que el Corán, la Torá (Antiguo Testamento) y el Injil (Nuevo Testamento) eran libros que hablaban de Dios. Sam escuchó lo mejor que pudo. Le intrigaba saber cuán claramente Kamil relacionaba el Corán con los dos textos cristianos.

Cada mañana y cada tarde, y antes de cada comida, mientras duró el viaje, Sam y Kamil oraban en voz audible, sabiendo que la tripulación les escuchaba. Antes de orar Kamil siempre leía una porción de los evangelios en el tono *tajweed* que usaba para leer el Corán. Esto deleitó a la tripulación, la cual se esforzó en prestar ayuda a los dos pasajeros cristianos.

El viernes, dos marineros se acercaron a Kamil y le rogaron que les escribiera las oraciones que él y Sam hacían en voz audible. Dijeron a Kamil que les gustaban más las oraciones cristianas que las suyas. Kamil les escribió el Padrenuestro.

En los dos días siguientes, Sam oyó que los marineros hablaban unos con otros acerca del evangelio. «Verdaderamente estos hombres son buenos y su doctrina ilumina. Tenemos que actuar conforme a lo que hemos oído». Y la tripulación actuó. Antes de arribar la nave a Al Mukalla, compraron treinta Biblias y Nuevos Testamentos y aseguraron a los dos misioneros que los leerían. Sam desbordaba de gozo.

Cuando el barco llegó a Al Mukalla, la tripulación rogó a Sam y Kamil que les visitaran en Mascate. Aquél prometió ir más adelante si le era posible. A los marineros se les saltaron las lágrimas y abrazaron a Sam y Kamil para despedirse.

Con su carta de presentación en la mano, Sam y Kamil visitaron al sultán de la ciudad, quien les dio una cálida bienvenida en su amplio palacio frente al mar. El sultán les ofreció una casa para que se alojaran el tiempo que necesitaran. Dos de sus criados transportaron sus pertenencias a la casa. Después los dos salieron a explorar la ciudad.

Al Mukalla era una ciudad bien establecida de unos siete mil habitantes. Tenía calles bien pavimentadas con casas grandes, algunas de cuatro o cinco pisos. También contaba con hermosas mezquitas, pero en ella no había sinagogas judías ni iglesias cristianas. A mano derecha de la ciudad había un gran campamento beduino agrupado en torno a un pozo.

Justo después que Sam y Kamil se instalaron en la casa, la gente de la localidad comenzó a llamar a la puerta. Se enteraron de que Sam tenía suministros médicos. Sam montó un dispensario provisional en la cocina y empezó a examinar pacientes. Mientras los trataba, Kamil conversaba con los que esperaban consulta acerca del cristianismo y les ofrecía Biblias para comprar.

Todo fue bien hasta que al día siguiente tres niños compraron Biblias. Entusiasmados, mostraron sus Biblias a su maestro y le preguntaron si podían leerla juntos. El maestro montó en cólera y mandó a los niños quemar las Biblias de inmediato. Uno de los niños fue a contárselo a Sam y Kamil para ver qué debían hacer. Kamil le sugirió que pidiera al maestro que viniese a hablar con él.

Los dos misioneros vivieron momentos de tensión mientras esperaban para ver lo que estaba a punto de suceder. ¿Se volvería la ciudad contra ellos? El maestro vino a la casa acompañado de otros dos. Sam y Kamil les recibieron con cortesía y amabilidad. Después de presentarse, Kamil les invitó a sentarse. Luego les dijo:

—Respetables maestros, les he llamado para pedirles consejo acerca de un asunto muy importante y para informarles de algo nuevo. Si consideran que es verdadero, ayúdenme a llevarlo a cabo. Si no es verdadero, muéstrenme una mejor manera, y si es un camino cierto, les estaré muy agradecido.

—Sam intentó ocultar su sonrisa. Le impresionó la prudencia con que Kamil se enfrentaba a personas hostiles.

Los maestros dijeron respetuosamente:

—Hablen. Les escucharemos.

—Gracias por su amabilidad —prosiguió Kamil—. Me gustaría leerles una porción del Corán —abrió el Corán y comenzó a leer.

Los tres maestros quedaron encantados al oír lo bien que leía. Cuando terminó, Kamil les declaró:

—Les agradará saber que mi padre, mi abuelo, mi bisabuelo y mis antepasados fueron todos musulmanes. Mi padre peregrinó a La Meca tres veces, todos mis hermanos han sido peregrinos y yo no soy infiel. Esto es porque yo leo el Corán y el Injil. El Corán me ordena leer esos libros santos con reverencia para procurar inspiración. ¿No me creen? Escuchen esto:

Kamil abrió otra vez el Corán y leyó varios pasajes bien entonados. Después les preguntó:

—¿Dice el Corán verdad o falsedad?

—Alá no permite que diga falsedad alguna —dijo uno de ellos mientras los otros asentían.

—¿Son verdaderas mis palabras? ¿No anima el Corán a leer las Escrituras judías y cristianas? —inquirió Kamil.

—Sí —respondieron los maestros, no cabe duda.

Kamil replicó:

—Entonces, ¿por qué prohibieron a los niños estudiar los libros?

—No lo hicimos —repuso uno de los maestros—. Jamás haríamos tal cosa. Compraremos uno y lo leeremos. Dicho esto, los maestros sacaron dinero de su bolsillo y compraron una Biblia cada uno.

Sam se maravilló. Una vez más tuvo la sensación de estar viviendo una escena del libro de los Hechos contemplando un milagro.

Los tres maestros se fueron de la casa contentos, y no mucho después los niños volvieron y trajeron a sus amigos para comprar Biblias. «Los maestros nos han dicho que la estudiemos juntos», dijeron.

Al día siguiente, Sam fue solicitado para ir a casa de un hombre que estaba muy enfermo con un gran tumor en el estómago. Sam le practicó un orificio y drenó el líquido que contenía. Una vez liberada la presión, el paciente sintió una mejoría inmediata. Sam y Kamil se arrodillaron junto al lecho del enfermo. Mientras oraban por él en el nombre de Jesucristo, otros hombres y niños les rodearon para oírles orar. Todos respondían diciendo «amén» después de cada frase. Antes de que Sam y Kamil abandonaran la casa, el dueño les compró una Biblia y les dio las gracias por haber tenido la oportunidad de adquirirla.

Muchos otros residentes de Al Mukalla invitaron a Sam y Kamil a sus casas. En cada casa que visitaban, Kamil leía el Padrenuestro y cantaban himnos. Y al acabar sus oraciones

los residentes respondían al unísono y decían
«amén».

El tiempo pasó volando y el 7 de abril de
1891 Sam y Kamil subieron a bordo de un barco para regresar a Adén. El sultán insistió en
sufragar su pasaje y comida, y Sam prometió
al pueblo de Al Mukalla que regresarían. Sor-
prendentemente, el viaje hasta Adén solo duro
cuatro días. Sam pasó gran parte de ese tiempo
escribiendo notas sobre lo que había aprendido.

Sam y Kamil llegaron a Adén y se alegraron
de encontrar a Jim en buen estado de salud.
Éste se asombró de que aquellos hubieran vendido 110 copias de las Escrituras en árabe durante su viaje. Se interesó especialmente en la
invitación de los marineros de visitar Mascate.
Los tres varones concluyeron que tal vez debían
conocer mejor Arabia para descubrir dónde quería Dios plantar la Misión Arábiga.

Capítulo 9

Adaptación

Diez semanas después de llegar a Adén, Sam emprendió otra aventura misionera hacia la antigua ciudad de Saná. En esta ocasión viajó solo, ya que Kamil se había ido al este de África con un colportor de la Sociedad Bíblica Británica y Extranjera. Y Jim navegaba a lo largo de la costa de la península arábiga hacia Mascate para averiguar qué posibilidades había de hacer obra misionera en ese lugar.

El 27 de junio Sam zarpó del Puerto de Adén a bordo del *Tuna*. La nave se dirigió hacia el oeste, por el estrecho de Bab-el Mandeb. Después puso rumbo hacia el norte por el mar Rojo hasta Al Hudaydah, ciudad que Sam había visitado cuando hizo la travesía de Suez a Adén. Al Hudaydah está a unos ciento sesenta kilómetros de Saná. Sam intentó obtener permiso de las autoridades turcas para viajar por el interior de Yemen hasta Saná. Cuando llegó a Al Hudaydah descubrió que no era posible.

La situación en Saná era tensa. Dos barcos habían atracado en el puerto de Al Hudaydah y estaban desembarcando tropas turcas para reforzar a los dos mil soldados que ocupaban Saná como parte del imperio otomano. Se rumoreaba que seis mil beduinos esperaban en las montañas cercanas a esa ciudad el momento oportuno para atacar. Ciertamente, se había librado una guerra en los alrededores de Saná durante meses de lucha de las tribus beduinas contra los opresores otomanos. El consulado italiano en Al Hudaydah le comentó a Sam que las autoridades turcas no concedían permisos para viajar al interior. Sin otra alternativa, Sam decidió alquilar una mula y un mulero y emprendió el trayecto sin permiso.

Saná sería el lugar más alejado de la costa que Sam había visitado en la península arábiga y estaba impaciente por conocerlo. Pasó la mayor parte de las seis jornadas del viaje a lomos de una mula. Lo que vio le fascinó. A diferencia de otras regiones del mundo que eran frondosas en la costa y más áridas y desiertas en el interior, el paisaje costero de Al Hudaydah era rocoso y estéril, pero el terreno se tornaba más verde y más fértil cuanto más al interior. En las laderas de las montañas se cultivaba café, mijo[1],

---

1   Mijo: Grano redondo, pequeño y amarillento de planta gramínea de origen asiático de tallos hasta 1 m de altura, hojas planas y puntiagudas, flores en panojas terminales y espigas que contienen el grano; el mijo se usa como planta forrajera.

uvas y otros frutos. Centenares de camellos, vacas y ovejas pastaban en los verdes valles. El paisaje se asemejaba más al de Inglaterra que al de Arabia.

La temperatura tenía mucho que ver con el cambio que se apreciaba. Cuando Sam partió de Al Hudaydah, la temperatura marcaba treinta y ocho grados por el día y casi quince por la noche. Pero cuando la mula fue ascendiendo la temperatura empezó a descender. Cuando Sam llegó a Saná, a más de dos mil cien metros sobre el nivel del mar, la temperatura era de veintisiete grados por el día y casi quince por la noche.

Al aproximarse a Saná, Sam no pudo evitar imaginarse estar viviendo en tiempos bíblicos. Apenas había nada moderno en derredor que le recordara que vivía en el siglo XIX. La propia Saná era una de las ciudades habitadas más antiguas del mundo. Sam había leído que, según la leyenda popular, la ciudad había sido fundada por Sem, hijo de Noé.

El cónsul italiano en Al Hudaydah le había facilitado la dirección de un comerciante italiano en Saná, y Sam se abrió camino a través de sus calles estrechas y serpenteantes hasta la casa. Era como caminar por un laberinto. Las casas de adobe, decoradas con figuras geométricas blancas, se elevaban tres o cuatro pisos a ambos lados de la calle. Sam encontró la casa que estaba buscando y el comerciante le permitió pasar una sola noche en su casa. Le dijo que podía ofender a las autoridades locales si daba cobijo a un misionero estadounidense.

Sam aceptó la oferta y salió a explorar Saná. Llegó hasta el límite de la ciudad fortificada, rodeada de muros de arcilla de unos once metros de altura. Cuando cruzó por la puerta milenaria de Yemen que daba acceso a la ciudad, le maravilló el aspecto de las casas. A diferencia de las que había visto en Adén o incluso en Al Hudaydah, eran altas y estrechas y estaban decoradas con elaborados frescos[2] y vidrieras de color. Las mezquitas parecían estar esparcidas por toda la ciudad. Ninguna más impresionante que la gran mezquita de Saná, con mil trescientos años de historia y un imponente minarete. Las calles de Saná rebosaban de gente. Muchos mercados vendían pan, especias, pasas, algodón, cobre, cerámica y cubertería.

Sam pasó una noche cómoda en casa de su anfitrión italiano. Al día siguiente fue a una *kahwah* (cafetería) para informarse de algún lugar para alojarse. Uno de los clientes del café le ofreció una habitación. Sam aceptó agradecido. Por la noche, unos funcionarios turcos se acercaron a la casa y le pidieron su pasaporte. Le dijeron que tendría que pagar una tasa para poder recuperarlo. Sam ya se lo esperaba, y después de pagar la tasa, el pasaporte le fue devuelto.

A partir de esta experiencia, Sam creyó que era mejor colaborar *con* los turcos que ir contra

---

2   Frescos: Arte de pintar. Tabla, lámina o lienzo en que está pintado algo.Obra pintada.

ellos. Antes de partir de Adén para ir al este de África, Kamil había facilitado a Sam el nombre de un amigo en Saná que era oficial del ejército turco. Sam resolvió que era un buen momento para hacerle una visita.

El oficial turco resultó ser amable y servicial. Escuchó con interés las aventuras de Sam y le invitó a alojarse en su casa. Pero solo pudo ser por un día. Al día siguiente el oficial recibió un mensaje de su superior diciendo que dadas las presentes circunstancias en el país y la amenaza de una guerra, no era deseable que un oficial turco albergara a un misionero estadounidense en su casa. Sam volvió a la *kahwah* a buscar una habitación para alquilar.

La presencia de Sam en Saná llamó la atención y dondequiera que iba le seguía un pequeño grupo de personas. Se dio cuenta de que era demasiado peligroso predicar abiertamente el cristianismo en la calle, pero se sintió seguro leyendo capítulos del evangelio de san Juan y regaló media docena de ellos a árabes de Saná. Le encantaba el que todas las personas que recibían una copia fueran muy agradecidas. Un anciano jeque besó incluso el Nuevo Testamento que Sam le regaló.

Uno de los barrios más interesantes por los que anduvo Sam fue el sector judío. Le sorprendió saber que los judíos habían vivido en Saná durante siglos y que vivían pacíficamente junto a la población musulmana de la ciudad.

Después de pasar una semana en Saná, Sam decidió regresar a Adén. Dada la presencia continua de tropas turcas y la constante amenaza de guerra, pensó que Saná no era un buen lugar para asentar la misión.

De vuelta en Al Hudaydah Sam se embarcó a bordo de un vapor con destino a Adén. Varios militares británicos y funcionarios del Estado viajaban en aquel barco rumbo a Bombay, India. Cuando el vapor navegó por el mar Rojo, Sam contó a los hombres que había hecho una excursión a Saná. Al principio los oficiales británicos no le creían.

—No es posible pasear por Saná. Es casi imposible obtener un visado para visitar la ciudad —manifestó uno de los oficiales.

—No conozco ni un solo blanco que haya pisado ese lugar. Lleva años conseguir permiso para ir allí —añadió otro.

Cuando Sam describió las cosas que había visto en Saná y les mostró las imágenes que había dibujado, los oficiales británicos por fin le creyeron.

—Es extraordinario —exclamó uno de los oficiales—. Debería escribir sus observaciones y solicitar ser miembro de la Real Sociedad Geográfica. Con su espíritu aventurero, seguro que les encantaría contar con usted.

Al principio Sam sonrió al oír la sugerencia —y el costo de la tarifa de solicitud: veinte libras—. Pero cuanto más lo consideró, más le gustó la idea. ¿Quién sabe qué puertas se le abrirían en Arabia, e incluso en los Estados Unidos, siendo miembro de la Real Sociedad Geográfica?

De vuelta en Adén, Sam se encontró solo. Kamil seguía en África Oriental, y Jim no había regresado todavía de Mascate, aunque había enviado a Sam una carta. Cuando la abrió, se sorprendió al saber que Jim ya no estaba en Mascate, sino en Basora, al extremo norte del golfo Pérsico. Según Jim, un médico irlandés y su esposa habían oído que dos misioneros estadounidenses estaban buscando un lugar para establecer una misión, por eso les enviaban una carta de invitación para visitarles en Basora. Jim decía que le había impresionado lo que había visto en la ciudad e instaba a Sam a reunirse allí con él.

La carta también encerraba una noticia triste. Mientras estaba en Mascate, Jim se había enterado de que Thomas Valpy French había muerto de una insolación poco después de llegar allí. Aunque hacía poco que Sam conocía al obispo, su tenacidad y su prioridad en compartir el evangelio con los musulmanes le habían marcado una huella indeleble.

Sam hizo los preparativos necesarios y zarpó hacia Basora el 1 de octubre. Para llegar a su destino, tuvo que navegar hasta Karachi, Paquistán, y embarcarse luego en un vapor que hacía la ruta por el golfo Pérsico. El 18 de octubre, el

barco se detuvo un día en Mascate, extremo sureste de la península arábiga. Sam aprovechó la
ocasión para visitar la tumba de Thomas Valpy
French en el cementerio de Cove.

Desde Mascate el vapor navegó rumbo noroeste por el golfo de Omán, el estrecho de Or-
muz y otros ochocientos kilómetros hasta el
final del golfo Pérsico. Entró por Chat-el-Arab
(Río de los árabes) y navegó casi cien kilómetros
río arriba hasta Basora, ciudad a la que llegó
Sam el 26 de octubre.

Basora está situada justo por debajo de la
confluencia de los ríos Tigris y Éufrates. Contaba con unos sesenta mil habitantes y estaba
controlada holgadamente por los turcos. La región era famosa por sus dátiles y arboledas de
palmeras datileras en las cercanías de la ciudad.
Siguiendo el curso del río se hallaba de Ur de los
caldeos, donde Dios había mandado a Abraham
abandonar el lugar y emprender un largo viaje.

Sam se alegró de volver a ver a Jim y apreció la hospitalidad del doctor Marcus Eustace y
su esposa. La casa alquilada donde residían los
Eustace era grande y cómoda y en ella Sam se
sintió más a gusto que en ningún otro lugar de
Arabia. Mientras Jim recorría Basora con Sam,
ambos oraron que Dios les abriera o cerrara la
puerta para laborar en la ciudad.

El doctor Eustace mostró a Sam el solar que
había previsto para emplazar el gran hospital de
la misión. A Sam le gustó la idea. Su experiencia

en Arabia le había enseñado que la gente nativa estaba mucho más abierta al evangelio cuando recibía asistencia médica. A la semana de la llegada de Sam a Basora, Jim y él confiaron que ese era el lugar para comenzar. La Misión Arábiga ya tenía domicilio.

Sam y Jim se ilusionaron con la idea de por fin echar raíces. Una vez tomada la decisión, tenían mucho por hacer. Resolvieron que Sam regresara a Adén para recoger las pertenencias que ambos tenían allí, esperando persuadir a Kamil para que se incorporara a ellos en Basora.

El 15 de noviembre de 1891, Sam zarpó para Adén. A su llegada le esperaban buenas noticias. La primera era una carta procedente de Estados Unidos. El comité local de la Misión Arábiga había aprobado enviar dos nuevos misioneros para colaborar con ellos. Uno era médico y el otro era Peter, hermano menor de Sam. También, Kamil había vuelto de África Oriental. Cuando se enteró del plan de establecer una base misionera en Basora, se mostró dispuesto a sumarse a Sam y Jim. Sam se despidió de Kamil cuando éste emprendió viaje para ir a encontrarse con Jim.

Después que Sam se hubo ocupado de todos los detalles en Adén, regresó a Basora en enero. Cuando llegó, le esperaban más noticias buenas. Mientras Sam estaba en Adén, Jim había viajado a Bagdad para visitar en esa ciudad a los misioneros de la Church Missionary Society

(CMS). La avanzadilla[3] se había establecido diez años antes y los misioneros habían abierto una escuela y un hospital, y ayudaban a gestionar un centro de distribución de la Sociedad Bíblica Británica y Extranjera. Aunque la CMS trabajaba entre antiguas sectas cristianas, no entre musulmanes, Sam se ilusionó al conocer sus métodos y experiencias. Le agradó saber que los misioneros de la CMS en Bagdad habían decidido enviar tres de sus miembros, colportores de la Sociedad Bíblica Británica y Extranjera, a trabajar con ellos en Basora.

Para mediados de marzo, Sam creyó confiado que la Misión Arábiga se estaba asentando para emprender su obra en Basora. El equipo estaba compuesto por Sam, Jim, Kamil y los tres colportores de la Sociedad Bíblica. Eran más que suficientes para gestionar una librería bíblica, iniciar una evangelización sistemática de persona a persona y planear la posibilidad del hospital. Al doctor Eustace le entusiasmaba dirigir ese intento.

Las cosas no resultaron como se habían planeado. El primer golpe llegó cuando Marcus Eustace anunció que él y su esposa habían decidido reincorporarse a la obra misionera de la CMS en Persia y ser desplegados en la frontera afgana. Sam y Jim lamentaron la noticia, pero supieron que un médico de los Estados Unidos les vendría a ayudar. Sintieron alivio cuando el doctor Clarence Riggs arribó a Basora. Pero las

---

3   Avanzadilla, avanzada: Aquello que se adelanta, anticipa o aparece en primer término.

cosas no fueron bien para el nuevo recluta desde el principio. El doctor Riggs discutía con Sam y con Jim acerca de cuestiones religiosas y se negó a orar por los alimentos en la mesa a pedido de Jim. Después, cuando llegó el momento de liderar el tiempo devocional matutino, Clarence respondió cortésmente:

—Nunca he hecho nada parecido, y no voy a empezar a hacerlo ahora. Pueden contar conmigo para prestar cualquier servicio médico, pero todo lo que sea de naturaleza religiosa queda fuera de mi línea de trabajo.

Ni Sam ni Jim dijeron nada en ese momento, pero como una semana después, Clarence les embistió:

—¿Cómo es que ustedes parecen tener más en común uno con el otro que conmigo? Al fin y al cabo los tres somos estadounidenses.

—¿Por qué doctor? —repuso Sam—. Es inevitable. Usted no cree en lo que intentamos hacer por los árabes. No cree lo que creemos nosotros acerca de Dios.

—¿Cómo puedo creer? —replicó el médico indignado—. Ustedes creen que Dios vino del cielo y se hizo un bebé. Nadie cree eso hoy.

A pesar de las dificultades surgidas con Clarence, la obra continuó. El médico se contentó con abrir una pequeña clínica en la casa que el doctor Eustace había alquilado y los colportores abrieron una tienda bíblica en el zoco.[4] Kamil se

---

4   Zoco: En Marruecos y algunos países árabes, es un mercado o mercadillo. Plaza de una población.

estaba convirtiendo en un hombre eficaz y reconocido en la ciudad. Él y Sam se solían sentar en los cafés y conversar con la gente acerca del verdadero significado del mensaje cristiano y en qué difería del mensaje del profeta Mahoma.

Cuando hubo que escribir un informe de la obra misionera en Basora para enviar a Estados Unidos, Sam reflexionó en todo lo que se había conseguido en el primer trimestre del año. Habían encontrado obstáculos por el camino, y Clarence era más impredecible cada día que pasaba, pero en conjunto, las cosas iban avanzando. Al franquear su informe en el correo, Sam ignoraba los retos que el pequeño grupo misionero en Basora tenía por delante aun antes que la carta llegara a Estados Unidos.

Capítulo 10

Esperanza y desilusión

El 29 de mayo de 1892, Sam se puso de camino hacia la aldea cercana de Majil. Había estado allí una vez y conversado con varios musulmanes abiertos a oír comentarios sobre la Biblia. Le acompañó Kamil. Cuando llegaron a Majil, fueron muy bien recibidos. Parecía que todos los varones de la aldea estaban presentes para darles la bienvenida. Los varones del lugar invitaron a Sam y Kamil a refugiarse bajo la sombra de una gran datilera para que les hablaran del amor de Dios.

A Sam le agradó la idea. Dio un paso, abrió el Evangelio de san Juan y leyó el capítulo tres, versículo dieciséis: «Porque de tal manera amó Dios al mundo, que ha dado a su Hijo unigénito, para que todo aquel que en él cree, no se pierda, mas tenga vida eterna». Mientras Sam les explicaba el significado del versículo, los hombres que componían el grupo le interrumpían de vez en cuando para hacerle preguntas. Sam y Kamil se alternaron para responderlas.

Cuando Sam acabó de hablar, la gente no se marchó —querían oír más—. Sam repartió copias del Evangelio de san Juan a los que sabían leer y podían seguir la lectura que hizo Kamil de varios capítulos. Sam se maravilló. Era como una gran clase de escuela dominical al aire libre en su propio país. Cuarenta o cincuenta personas escucharon atentamente mientras se les leía el Evangelio de Juan. Cuando Kamil concluyó su lectura, Sam preguntó a los miembros del grupo si pensaban que las palabras que habían oído eran verdaderas.

—Sí, lo son, respondieron algunos de ellos.

Entonces Sam les explicó en lenguaje claro y sencillo que todos los hombres son pecadores a los ojos de Dios y que «sin el derramamiento de la sangre de Cristo no hay perdón de pecados» (Hebreos 9:22). Después explicó a su audiencia que la sangre de Cristo, derramada «en el madero de la cruz» era el único medio capaz de expiar sus pecados. Cuando acabó su explicación volvió a preguntarles:

—¿Es verdad lo que han oído?

Varios hombres hablaron en nombre del grupo.

—Algunas cosas son verdad, y otras son verdad pero no las creemos.

Sam sonrió y respondió:

—Piensen en lo que han oído. Vendremos otra vez y responderemos a sus preguntas.

Los hombres escoltaron a Sam y Kamil hasta las afueras de la aldea, en donde Sam oró por todos ellos.

—Vuelvan el mes que viene —dijeron ellos—. Ustedes hablan palabras que nos interesan.

Por el camino caluroso y polvoriento de Basora, Sam y Kamil oraron por los hombres de la aldea. Se les había permitido predicar y responder a sus preguntas sobre el cristianismo por tres horas y media. Era una señal alentadora.

De vuelta en Basora, a Sam y Jim les resultó evidente que sus actividades no agradaban a las autoridades locales. El alquiler de la casa del doctor Eustace estaba a punto de expirar, y como administraban una pequeña clínica, necesitaban otro alojamiento. Sam y Jim encontraron una casa vacía más barata y preguntaron al dueño si se la quería alquilar. Al principio el dueño les dijo que sí, pero después cambió de idea y se excusó diciendo que a lo mejor él se mudaba a la casa. Siguieron buscando, pero obtuvieron el mismo resultado. Por alguna razón los dueños no estaban dispuestos a alquilar. Sam preguntó a un amigo árabe por qué les resultaba tan difícil, aunque estuvieran dispuestos a pagar más de lo normal. El amigo les intimó:

—¿No lo saben? El gobernador ha publicado avisos informando que se impondrá una grave sanción a quien alquile una casa a los misioneros estadounidenses —su ánimo se vino abajo. Sabía que esto era serio. La autoridad del gobernador de Basora era absoluta.

Aunque simpatizaran y se interesaran por ayudar a los misioneros, los pocos empresarios ingleses que residían en la ciudad no estaban en condiciones de oponerse a las autoridades locales. A Sam le pareció que lo único que podían hacer para conseguir un lugar para alquilar era orar por el asunto. Esa misma semana, Sam visitó al cónsul de Persia en Basora. El cónsul sufría una tos seca y Sam le ofreció medicamento para aliviar los síntomas. El cónsul quedó tan agradecido que le preguntó si le podía ayudar en algo. En un momento de inspiración, Sam le explicó que nadie les quería alquilar una casa porque lo había prohibido el gobernador.

El cónsul se rio al oírlo.

—La única persona en la ciudad a quien no puede intimidar es a mí. Yo tengo una casa vacía, mucho mejor que la que ocupan ustedes, y pueden pagar lo mismo que ahora pagan. Y se pueden instalar de inmediato. El gobernador no se atreverá a decirme nada.

Sam casi no podía esperar para dar a Jim la buena noticia de que Dios había respondido a sus oraciones. No obstante, Sam y Jim eran conscientes de que muchos hombres ricos y poderosos de Basora no les querían en la ciudad, y se preguntaban qué otra cosa estarían dispuestos a hacer para expulsarles de ella.

El desastre golpeó el 24 de junio de 1892. Sam había tenido un día muy ocupado. Comenzó por la mañana temprano dirigiendo el funeral de un carpintero que había sido tripulante en un vapor extranjero. Después del servicio religioso, Sam se dio prisa para ir a atender a Clarence, quien todavía estaba en cama con fiebre. A la hora del almuerzo llegó Jim y anunció que Kamil había caído enfermo con vómitos y diarrea. Sam envió un ayudante con medicamento para Kamil. A las cinco en punto de la tarde, Sam dejó de acompañar a Clarence y emprendió una caminata de más de tres kilómetros hasta el cuarto que ocupaba Kamil. Como a mitad del camino, Jakoob Yuhanna, cristiano colportor nativo, se encontró con él y le dijo:

—Señor, lamento darle malas noticias. Kamil ha muerto.

Sam se quedó inmóvil, intentando asimilar lo que acababa de oír. Kamil, ¿muerto? ¿Era posible? Sam corrió la segunda milla hasta la habitación de Kamil y la halló repleta de soldados turcos y líderes religiosos musulmanes. Se asombró de que hubieran llegado tan pronto. Se plantó en la puerta y observó. Los soldados estaban saqueando los papeles de Kamil, mientras que los mulá[1] entonaban oraciones islá-

---

1 Mulá: Intérprete de la religión y la ley islámicas.

micas sobre su cuerpo, que lavaban con una mezcla de agua y alcanfor. Un olor penetrante saturaba la habitación.

—Dejen de hacer eso. Todos los que están aquí saben que Kamil era cristiano. Hay muchos testigos que lo acreditan. Deben hacerse oraciones cristianas. Él no querría que se le hicieran ritos islámicos. Vivió como cristiano y querría morir como tal.

—No hay manera de saberlo —repuso uno de los soldados turcos.

—Claro que sí —dijo Sam—, fíjense en los libros que hay en la mesa. ¿Qué ven acaso? Biblias y libros de devoción cristiana. Lean cualquier página del diario que tienen entre manos. Verán que Kamil era misionero cristiano.

—No tenemos tiempo de leer —respondió el soldado—. Cuando muere un musulmán, las oraciones deben comenzar inmediatamente.

El lavado y las salmodias[2] continuaron. «Alá es grande. Santidad a ti, oh Alá, a ti sea la alabanza. Grande es tu nombre, magnífica tu grandeza, grandiosa tu alabanza. No hay otro dios más que tú. Oh Alá, a los que mantienes vivos entre nosotros les guardas en el islam, y a los que haces morir les haces morir en la fe».

En ese momento llegó Jim. Empalideció cuando evaluó la situación.

—¿Cómo ha sucedido? —preguntó—. Kamil era joven y fuerte.

---

2   Salmodias, salmodiar: Cantar algo con cadencia monótona.

Sam sacudió la cabeza y susurró a su compañero:

—No lo sé. Intentan enterrarle inmediatamente como musulmán. Sospecho que ha habido juego sucio. Hace falta practicar una autopsia. ¿Crees que puede haber sido envenenado?

—Aquí hay algo muy malo —convino Jim—. ¿Cómo han venido todos estos hombres tan pronto? ¿Por qué es tan importante para ellos?

Sam respiró hondo. Sabía que tenía que superar la conmoción que sentía ante la muerte repentina de Kamil y hacer todo lo posible por ir al fondo de la cuestión antes que se llevaran y enterraran el cuerpo de Kamil. Lamentaba que Clarence se sintiera todavía bastante mal como para ir a practicar una autopsia. Se cuestionó si encontrarían a alguien que les dijese la verdad.

Después de unos minutos de discusión, Sam se dio cuenta que no tenía sentido hablar con los hombres en la habitación de Kamil.

—Quédate aquí —dijo a Jim—. Intentaré conseguir ayuda de las autoridades turcas, y si no me oyen, apelaré a los británicos.

Sam se dio prisa en acudir a la oficina de las autoridades turcas en Basora, pero su esfuerzo resultó inútil. Le dijeron que harían falta cuarenta y ocho horas para investigar el asunto y decidir qué hacer al respecto. Para entonces, cualquier clase de funeral, cristiano o musulmán, ya habría terminado.

Eran las 9:30 de la noche cuando Sam llegó a la casa del cónsul británico. El cónsul se mostró comprensivo, pero preocupado por lo que respecta a la autoridad que tenía para actuar. Al fin y al cabo, Sam era un estadounidense solicitando ayuda por el cuerpo de un sirio.

Una hora después, Jim siguió la ruta de Sam hasta la casa del cónsul británico.

—Es demasiado tarde —anunció—. Los musulmanes han cumplido su rito funerario y han llevado a enterrar el cuerpo de Kamil. No quieren decir dónde.

El cónsul británico levantó las manos en señal de derrota.

—Así son las cosas aquí. Lamento no haber podido ayudar a su amigo. Pero quizá haya una cosa que puedo hacer. Enviaré un hombre con ustedes a su habitación y pondremos el precinto del consulado británico en la puerta. Tal vez esto evite que sus objetos personales sean desvalijados sin su permiso.

—Gracias —repuso Sam.

Sam y Jim, acompañados del trabajador del consulado británico, volvieron discretamente a la habitación de Kamil. No había nada que añadir. Sam esperaba que el precinto del consulado británico fuera respetado, pero no lo fue. La mayor parte de los libros y diarios de Kamil fueron confiscados y Sam nunca pudo descubrir dónde había sido enterrado su cuerpo. A medida que fueron pasando los días, Sam y Jim llegaron

al convencimiento de que los religiosos musulmanes y las autoridades turcas tenían conocimiento de la muerte inminente de Kamil. Sam y
Jim investigaron la ley islámica y descubrieron
que el varón apóstata —persona que abandona
la fe islámica en la que ha sido criado— debía
ser condenado a muerte. Si el apóstata era un
niño, tenía que ser encarcelado hasta que fuera
mayor y después muerto a espada. Era una información muy sombría, especialmente porque
Kamil había recibido cartas de su padre amena-
zándole que se aseguraría de que le mataran si
no renunciaba al cristianismo y volvía a abrazar
la fe islámica.

Sam y Jim cayeron en la cuenta de que nunca podrían averiguar si Kamil había sido envenenado. Pero una cosa sí sabían: su orador y
evangelista más capaz en árabe estaba muerto,
y su muerte suponía una enorme pérdida.

Poco después de la muerte de Kamil, dos de
los tres colportores que habían sido enviados de
Bagdad para ayudar en la misión anunciaron que
se marchaban. El primero pensaba emigrar a los
Estados Unidos, mientras que el segundo volvió
a Bagdad para ocuparse de asuntos familiares.

Aunque Clarence se recuperó de su enfermedad, su relación con Sam y Jim se deterioró
hasta que ambas partes manifestaron su preo-
cupación al comité doméstico. La concluyente
respuesta no tardó en llegar. El doctor Riggs fue
dado de baja en la Misión Arábiga. Y aunque esto
supuso un alivio para Sam y Jim, fue también

desalentador. Administrar asistencia médica era fundamental para alcanzar a la comunidad con el Evangelio, y el médico que les ayudaba se veía obligado a abandonar.

El único punto positivo, por lo que concernía a Sam, era la llegada prevista de su hermano Peter de los Estados Unidos, en diciembre. Pero aún había que esperar varios meses. Mientras tanto, Sam decidió visitar Bagdad.

Capítulo 11

A través de Mesopotamia

Sam iba sentado en una tumbona de cubierta del pequeño vapor, enjugándose el sudor de su frente y contemplando la escena. Se dirigía cauce arriba por el Tigris, río que se extiende casi dos mil kilómetros hacia el norte hasta al sureste de Turquía. Corría el mes de julio y se alegraba de escapar del calor sofocante de Basora y haber aceptado la invitación de los misioneros del CMS de visitarles en Bagdad. Sam esperaba viajar por tierra desde Bagdad a la ciudad de Hilla y completar el circuito para volver a Basora en otro vapor siguiendo río abajo el curso del río Éufrates. Sentado en cubierta, abrió su diario y escribió: «Lo que ahora es el reino independiente de Irak fue en aquellos tiempos llamado por su nombre bíblico de Mesopotamia —«tierra entre ríos».

Mientras miraba el río cenagoso, Sam sabía que se encontraba en el epicentro de la historia bíblica. El Tigris es uno de los cuatro ríos que fluyeron del jardín del Edén, y Daniel recibió una visión en la ribera del río. Abraham también moró en Mesopotamia, antes de viajar a Harán. Sam se sintió como uno de los profetas antiguos espiando la tierra, buscando pueblos y ciudades que pudieran ser futuros centros de obra misionera. Viajando río arriba, pudo hablar con los pasajeros y la tripulación y distribuir discretamente porciones de la Escritura a los que lo solicitaban.

El 25 de Julio de 1892, Sam llegó a Bagdad y se dirigió a la casa donde vivía el doctor Sutton, del CMS, con su señora. Los Sutton le dieron una cálida bienvenida. Sam también visitó a Jakoob, el colportor que había colaborado con ellos en la Misión Arábiga de Basora. Sam se enteró de que le habían prohibido salir de la ciudad por causa de su actividad cristiana. A pesar de todo, Jakoob estaba decidido a compartir su fe y se reunía con varios musulmanes interesados en el cristianismo, con quienes leía la Biblia, respondiendo a sus preguntas. A Sam le impresionó el compromiso de Jakoob.

Uno de los musulmanes del grupo era Omán, quien visitó a Jakoob al mismo tiempo que Sam. Omán estaba interesado en conocer mejor el cristianismo y el Evangelio. Cuando conoció los planes de Sam, se ofreció para acompañarle en el viaje a Hilla y descender por el Éufrates a Basora a cambio de la oportunidad de estudiar el Nuevo Testamento con él. A Sam le pareció bien la sugerencia y en seguida alquiló dos mulas para viajar.

A las cuatro de la tarde del 27 de Julio, dos días después de llegar a Bagdad, Omán y él se incorporaron a un grupo de árabes, persas y turcos con destino a Hilla, casi cien kilómetros al sur de Bagdad. Algunos componentes del grupo eran comerciantes, y otros peregrinos que se dirigían a los santuarios sagrados de la ciudad santa de Najaf, más allá de Hilla.

Varias mujeres viajaban en el grupo, pero no se les permitía ningún contacto con los hombres. Sam lo sentía por ellas, sabiendo que estaban recluidas detrás de cortinas a modo de jaulas en estructuras llamadas *taht-i-vans* que colgaban del costado de los camellos. Pensó en lo difícil que debía ser para las mujeres viajar de esa manera, sin poder estirar las piernas o hablar con nadie. Observando los *taht-i-vans* de las féminas Sam recordó la diferencia de trato que daban los musulmanes a las mujeres en comparación con el de Jesús. Los musulmanes no consideraban a las mujeres como iguales y les exigían ocultarse a la vista.

En la caravana también viajaba un grupo de ascetas[1] musulmanes. Conocidos con el nom-

---

1 Ascetas: Persona que, en busca de la perfección espiritual, vive en la renuncia de lo mundano y en la disciplina de las exigencias del cuerpo.

bre de *dervishes* por su pobreza y austeridad, se les reconocía por los turbantes de color que llevaban en la cabeza. Para completar la caravana, varios arrieros guiaban pares de mulas con ataúdes sujetados transversalmente. Los ataúdes contenían los restos de fieles musulmanes que habían deseado ser enterrados en la tierra santa de Najaf.

Cuando la caravana se dirigió hacia el sur de Bagdad, no había mucho que ver, solo grandes franjas de desierto separadas por montículos de tierra bajo los cuales se escondían restos de antiguas civilizaciones. De vez en cuando Sam veía una serie de huesos blancos y resplandecientes de camello a lo largo del camino carcomidos por los buitres.

El grupo soportó cuatro horas a una temperatura de 43 grados antes de detenerse a descansar bajo un cielo estrellado. A medianoche reanudaron la marcha, para aprovechar la frescura de la noche. La caravana no se detuvo hasta mediada la mañana, hora en que los pasajeros se refugiaron en una *khan*, posada o mesón. La *khan* consistía en un gran recinto con gruesos muros de ladrillo. Tenía una sola entrada bastante ancha y alta para permitir el paso a bestias con pesadas cargas del tamaño de un camello. El centro de la *khan* era un patio abierto. En su interior contenía varias huecos, o especie de nichos, de unos tres metros de largo, dos de ancho y menos de metro y medio de alto. Los nichos eran lugares de descanso para los viajeros de las caravanas, y Sam y Omán se procuraron uno para descansar.

Desde su nicho Sam supervisó la escena. En el centro del patio había un pozo y un gran estrado para orar. A medida que el *khan* se llenaba y no quedaban nichos vacíos, la gente se colocaba sobre el estrado para dormir. El resto del patio se usaba para apilar el equipaje que transportaban las bestias dejando espacio para su descanso. El mesonero proporcionaba alimento a los animales y vendía alimentos a los viajeros.

Antes de echarse a dormir, Sam mantuvo una conversación con el jeque de la aldea, un anciano sentado, rodeado de galgos, que le servían para cazar gacelas. Sam se extrañó que hubiera gacelas por la región. No había visto ningún rastro de vida, a no ser pájaros y huesos de camello.

A medianoche la caravana volvió a ponerse en marcha. Ya sabían todos que Sam era cristiano y varios entablaron animadas conversaciones con él. En los momentos tranquilos, Sam leía la Biblia a Omán y respondía sus preguntas.

Después de doce horas de viaje, llegaron al río Éufrates. La ribera estaba guarnecida con espesas arboledas de datileras —¡qué contraste con la tierra yerma y polvorienta por la que habían transitado!—. Sam pagó un peaje, y Omán y él fueron transportados a la otra ribera del río en una balsa destartalada, para acceder a Hilla, donde alquilaron una habitación en una posada.

Al día siguiente la pareja recorrió las ruinas de la antigua ciudad de Babilonia, siete kilómetros al norte de Hilla. Parte de las ruinas de la ciudad eran aún visibles, y había esparcidos montones de ladrillos de arcilla que una vez fueran casas y otros edificios. Aunque Babilonia estuviera abandonada y solo fuera un montón de escombros desde hacía mucho tiempo, Sam se asombró de poder ver un lugar mencionado muchas veces en el Antiguo Testamento.

El 31 de Julio de 1892, Sam y Omán salieron de Hilla y emprendieron la ruta del Éufrates en un barco nativo. El río Éufrates era más turbio que el Tigris, pero menos serpenteante. El barco navegó a favor de la corriente toda la noche hasta llegar a Diwaniya por la tarde del día siguiente. A lo largo de su curso dejaron atrás aldeas en la ribera. Uno de los tripulantes árabes señaló un lugar donde se cree que está la tumba de Job.

Una vez que llegaron a Diwaniya, Sam fue guiado al *serai*, o casa de gobierno, donde fue bien recibido. El pachá[2] local, oficial de alto rango, le invitó a comer y le acribilló a preguntas mientras comían. Quería saber cómo funcionaban las leyes en los Estados Unidos y si el hijo de Abraham Lincoln había copado el poder después que su padre fuera asesinado. Sam respondió las preguntas lo mejor que pudo, intentando recordar que en otro tiempo él había conocido muy poco de la cultura de Oriente Medio.

---

2   Pachá: Vivir con lujo y opulencia.

El pachá advirtió a Sam del peligro de caer en manos de piratas en el río, al sur de Diwaniya, y le recomendó contratar dos mercenarios para proteger la embarcación. Sam aceptó el consejo del pachá y contrató a Salim y Salad. Los hombres apenas se comportaban como soldados, pasaban el tiempo remendando sus uniformes, durmiendo en la parte inferior y comiendo pan y dátiles. Sin embargo, Sam logró entender que así era como se hacían las cosas en Arabia. Los extranjeros, sobre todo los que podían ser intimidados, eran considerados una fuente inagotable de ingresos por los nativos.

A medida que la embarcación avanzaba hacia Samawah, Sam fue notando más actividad en la ribera del río. Grandes manadas de búfalos acuáticos cruzaban el río perseguidos por pastores que gritaban, nadaban y decían palabras soeces[3]. Cuando cayó la noche, la embarcación se aproximó a la ciudad de Al-Rumaytha, donde se extendían unas cien tiendas junto al río para celebrar una ceremonia religiosa. El capitán se mostró preocupado ante la necesidad de atracar para pernoctar, pero no pudo evitarlo. Los rápidos que se sucedían más adelante eran demasiado peligrosos como para sortearlos a la luz de las estrellas.

El aire era húmedo y caliente y Sam apenas pudo dormir aquella noche. Estaba bien despierto cuando un grupo de nativos se precipitaron sobre el barco armados con fusiles de carga de

---

3 Soez, soeces: Bajo, grosero, indigno, vil.

chispa (mecanismo de encendido de pedernal[4]) y *mikbars*, o palos gruesos con tiradores de piedra arenisca. El corazón de Sam latió con fuerza cuando los dos mercenarios que había contratado se adelantaron esgrimiendo sus pistolas y hablaron con los nativos locales. Para gran alivio de Sam, los hombres se retiraron tan rápidamente como habían aparecido.

A primera hora del día siguiente el barco siguió su ruta hacia Al-Rumaytha. Poco después de sortear los rápidos, poco profundos, los hombres tuvieron que bajarse y empujar la embarcación a través de los bajíos[5]. Salvaron los rápidos sin correr percance y llegaron a Samawah, la siguiente ciudad río abajo, en unas cuatro horas. Como ya había menos amenaza de piratería, Sam despidió a los mercenarios antes de buscar un lugar para pasar la noche.

Era el día previo al de Ashura —el décimo día del mes de Muharram en el calendario islámico— cuando los musulmanes chiitas se reúnen para llorar la muerte de Hussein ibn Ali, en la batalla de Karbala, acaecida en el año 680. Todas las tiendas estaban cerradas y los vecinos del lugar preparaban ilusionados la celebración del día siguiente. Sam sintió desahogo y agradecimiento cuando encontró para alquilar una habitación que daba al bazar.

---

4   Pedernal: Variedad de cuarzo, compacto, traslúcido en los bordes y que produce chispas al ser golpeado.
5   Bajíos: Dicho de un terreno o lugar: Bajo y que tiende, por su situación, a anegarse o empantanarse.

Nada más subir Sam la escalera que daba a su habitación se presentó un mensajero del gobernador local.

—Mi amo dice que no puede salir de la habitación bajo ninguna circunstancia. Usted es un extranjero aquí. Incluso los musulmanes suníes no salen a la calle el día de Ashura. Si se arriesga a salir, el gobernador no garantiza su seguridad. La gente se volverá violenta si se encuentra con un infiel en este día.

Sam se tomó en serio la advertencia y pasó el resto del día descansando y leyendo la Biblia con Omán. Acerca de la celebración del día siguiente, Sam escribió en su diario: «Vi la confusión de. . . Ashura desde mi ventana, el deambular de la muchedumbre, los golpes de pecho, los sollozos de las mujeres, los estandartes sangrientos, la simulación de martirios y la cadencia de llantos y alaridos que clamaban "¡Ya Ali! ¡Ya Hassan! ¡Ya Hussein!" hasta enronquecer y dejar caer las manos un instante para volver a levantarlas».

Al día siguiente todo pareció estar en calma, y Sam pudo salir de su cuarto. Habló con varios hombres que se alojaban en la posada y vendió varias porciones de la Escritura.

El 4 de agosto, Sam compró un pasaje para Omán y él en un *mehelet* (gran barco fluvial) cargado de cebada con destino a Basora. El único lugar disponible a bordo era una cabina bajo la cubierta de popa cargada de cajas, ropa usada, faroles y provisiones. También era el único sitio que ofrecía cobijo del sol abrasador de mediodía.

Más allá de Samawah el Éufrates se ensanchó y las riberas estaban pobladas de arboledas de palmeras y de sauces. Luego el río se tornó cenagoso y con bancos de arena, por donde el *mehelet* no podía pasar sin que todos saltaran al agua y empujaran.

El 11 de agosto llegaron a Kuma, donde hubo que amarrar el barco para pernoctar. A esas alturas Sam ya estaba deseoso de llegar a Basora. Alquiló una canoa con remos que les transportara para cubrir los últimos kilómetros de río hasta Basora. Zarparon al alba. El agua estaba tranquila, lo que dio a Sam la oportunidad de escribir en su diario: «Más de mil cien kilómetros de recorrido a lo largo de populosas riberas y ruinas históricas, mil cien kilómetros de imperio islámico esperando la conquista de la cruz, dos misioneros en Basora —¿qué son dos entre tantos?—. El Éufrates y el Tigris son las avenidas naturales para el Evangelio al norte de Arabia, así como el Nilo lo es para Egipto, la otra tierra de los patriarcas. Con todo, debían ser ocupadas, aldea tras aldea, por escuelas y representantes del Evangelio.

Sam y Omán se separaron cuando la canoa llegó a Basora. Omán no se convirtió al cristianismo durante aquel viaje, como Sam había esperado, pero comprendió el Evangelio y prometió seguir leyendo el Nuevo Testamento. Una vez en Basora, Sam dedicó su atención a su nuevo proyecto: recibir a su hermano Peter en la Misión Arábiga.

Capítulo 12

Bahréin

El 7 de diciembre de 1892, Sam viajaba en otro barco, esta vez a bordo de un vapor que navegaba lentamente por el golfo Pérsico hacia la isla de Bahréin, frente a la costa de la península arábiga, a unos 560 kilómetros al sur de Basora. Una vez más iba a «espiar la tierra» para ver si la isla era un lugar adecuado para establecer una base misionera. También tenía otro motivo para viajar a Bahréin: el vapor que transportaba a su hermano Peter iba a hacer escala allí, y Sam quería recibirle y viajar con él a Basora. Ello les permitiría ponerse al día y compartir noticias de la familia antes que Peter se adaptara a la vida en Arabia.

Dos días después que el barco zarpó de Basora, se hizo visible la isla de Bahréin y Sam se puso a orar con fervor. Le habían dicho que era difícil para un misionero cristiano desembarcar y permanecer en la isla, y aún más hablar abiertamente del Evangelio. Como no había dársena bastante grande para fondear en Manama, capital de la isla, el vapor echó anclas a cinco kilómetros del muelle. Sam, otros pasajeros y la carga, fueron transportados hasta la orilla en un bote.

Sam se llevó una sorpresa al ser admitido en la isla sin dificultades. No obstante, pensó que sería una buena idea mantenerse apartado del malecón hasta después que el vapor hubiera seguido su ruta, no fuera que alguien cambiara de idea en cuanto a su estancia. Depositó su maleta en la oficina de correos y se fue a dar una caminata a paso ligero por la ciudad. No volvió a recoger su maleta hasta que desapareció el humo de las chimeneas del barco por el horizonte. Una vez que estuvo seguro en Bahréin, fue en busca de un techo para alojarse. Encontró una habitación junto a una mezquita, donde guardó sus pertenencias. Después salió a explorar con más detalle Manama, en el extremo norte de la isla que mide cincuenta y cinco kilómetros de longitud máxima por dieciocho de anchura.

Una semana después de llegar a Bahréin Sam decidió explorar el interior de la isla. Alquiló un asno con un guía y se fue a recorrer, a través de arboledas de palmeras datileras y sotos[1] de áloe, el camino hasta Salmabad y las ruinas de la fortaleza portuguesa que allí había. Desde la vieja

---

1   Sotos: Sitio que en las riberas o vegas está poblado de árboles y arbustos. Sitio poblado de árboles y arbustos.

fortaleza atravesó pastizales y dejó atrás palmeras hasta A'ali, un pueblo más grande hacia el sur. Hacia el sur y el oeste de A'ali se extendía una desolada llanura llena de rocosos montículos de arena, de unos diez o doce metros de altitud. Sam preguntó al guía qué significaban aquellos montones, y éste le respondió que allí una vez había habitado una gran ciudad de gente impía y malvada, y que todos sus habitantes habían quedado reducidos a montones de cantos[2] y piedras.

Desde A'ali el camino seguía hacia el sureste hasta Rifa Sharki y Rifa Gharbi, dos pueblos grandes. Por el camino, Sam vio algunos animales oriundos de Bahréin —grandes flamencos, gacelas, conejos del desierto, e incluso erizos.

Mientras cabalgaban en dirección a Manama, el guía señaló a Sam los bancos de ostras, donde buceaban hasta treinta mil hombres en busca de perlas en la temporada que media entre julio y octubre. Las perlas de Bahréin eran las más puras del mundo debido a los manantiales de agua dulce que manan en el mar en torno a los criaderos de ostras. El guía le explicó que toda la isla dependía de la industria de las perlas. Sam se asombró al saber que cada temporada se extraían cuatrocientas mil libras esterlinas en perlas (unos dos millones de dólares de la época). Ahora se explicaba por qué algunos comerciantes locales iban vestidos con ropas finas y hacían prolongados viajes a la India.

---

2 Cantos: Trozo de piedra.

El tiempo pasó rápidamente, y no mucho después el vapor que transportaba a Peter echó anclas cerca de Manama. Ese era el momento que Sam esperaba. No había visto a un miembro de su familia desde que se despidiera de su padre y su hermano Fred en Mainz, Alemania, hacía casi dos años y medio.

La reunión de Sam con su hermano menor fue una ocasión feliz. Peter estaba bien de salud y anhelaba incorporarse a la obra misionera. Los dos hermanos subieron a bordo del vapor que subía por el golfo Pérsico a Basora y Peter le contó a Sam que su padre estaba todavía en forma y seguía manteniéndose activo. Aunque tenía casi setenta años, Adriaan era pastor a tiempo completo, y su hermana Maud se encargaba de administrar la casa de su padre. Ya tenía ocho nietos, y su hermana Mary estaba a punto de dar a luz. James, el hermano mayor, había sido elegido presidente del Western Theological Seminary, en tanto que Fred estaba a punto de abandonar Dakota del Sur para ser pastor en Graafschap, Michigan.

Oyendo las noticias Sam sintió un poco de nostalgia, pero sabía que ya era bendecido teniendo a su hermano menor a su lado. Peter también le informó que el celo misionero del seminario teológico de New Brunswick parecía estar menguando. Él era el único miembro de su promoción que había dedicado su vida a la obra misionera después de graduarse. Pero también tenía noticias prometedoras. El doctor James Wyckoff, hijo de un pastor de la Iglesia Reformada, se había incorporado a la Misión Arábiga y llegaría ese mismo mes. La mente de Sam se disparó imaginando posibles maneras en que el doctor Wyckoff les podría ayudar a abrir puertas para el Evangelio con sus conocimientos de medicina.

Cuando el vapor atracó en Basora, Jim les estaba esperando. Al día siguiente, Sam y Jim fueron con Peter a dar una vuelta por la ciudad, remarcando las muchas diferencias entre la sociedad árabe y la vida en los Estados Unidos. Peter no podía entender que muchas mujeres estuvieran confinadas y algunas nunca salieran a la calle. Sam advirtió a su hermano que nunca debía entablar una conversación con una mujer árabe, pero esa precaución era exagerada para Peter.

—Jesús se dirigió a la mujer en el pozo —dijo—. Nuestras propias hermanas se esfuerzan por propagar el Evangelio entre los hombres y las mujeres. La cuestión de la igualdad de sexos es uno de los rasgos más esplendorosos del cristianismo. ¿Por qué no hemos de tratar a las mujeres islámicas como tratamos a las nuestras?

Varios días después Peter se fue a dar un paseo. Regresó a casa apresuradamente, perseguido por varios hombres con palos y piedras. La turba se disolvió una vez que Peter estuvo a salvo dentro de la casa. Entonces Peter le contó a Sam lo que había sucedido.

—Yo iba paseando junto a un cementerio, y vi que una mujer lloraba ante una tumba. Me acerqué a ella e intenté decirle que hay esperanza más allá de la muerte. Ella gritó que un perro infiel había intentado ayudarla y se puso a dar alaridos espeluznantes. Entonces llegaron los hombres y vinieron en pos de mí. Menos mal que soy buen corredor —añadió Peter.

Sam sonrió. Su hermano tenía que aprender una lección importante acerca de la vida en Arabia, a fuerza de escarmentar, y se sintió agradecido de que no hubiera sufrido daño.

Después de varias semanas los tres misioneros trataron de decidir si debían abrir otras bases permanentes de misión. Les parecía un derroche de recursos el que los tres residieran en Basora. Como hicieran Jim y Sam cuando éste llegara a Beirut, extendieron sobre la mesa un mapa de Arabia. Después de orar al respecto, los tres sintieron que Dios quería que Jim se quedara en Basora y Sam iniciara nueva obra en Bahréin. Mientras tanto, Peter se quedaría en Basora para aprender el idioma antes de abrir una nueva base misionera. Cuando llegara el doctor Wyckoff también se quedaría en Basora para aclimatarse a la vida en Arabia y después se trasladaría a Bahréin para emprender allí una obra sanitaria. Sam anhelaba trabajar junto a un médico. Seguía soñando con fundar un hospital en Arabia.

En febrero de 1893 Sam partió hacia Bahréin. Antes de su partida, Jim y Sam acordaron que

cuando Peter completara un año de aprendizaje del idioma en Basora, fuera a Mascate, en
el golfo de Omán, para establecer allí la nueva
base misionera. Sam se consoló pensando que
las dos nuevas bases solo estarían a unos ochocientos kilómetros de distancia, y esperaba poder visitar y apoyar a su hermano menor.

Tal como Sam había esperado, resultó difícil
encontrar un lugar para alquilar en Manama.
Pero insistió y finalmente alquiló una habitación de casi 14 metros cuadrados que daba al
mercado de perlas. La habitación tenía dieciséis ventanucos[3] sin cristales y goteras en el
techo.

El siguiente desafío consistió en localizar un
espacio para abrir una tienda bíblica. Esto im-
plicó mucho regateo, pero Sam ganó la partida
y alquiló un pequeño local en el bazar. La tienda estaba ubicada en el cruce de dos calles con
talleres de hojalateros y tiendas de comestibles.

El espacio que Sam alquiló era largo, oscuro
y sometido a las condiciones climáticas. Por la
noche Sam protegía el local deslizando unos ta-
blones verticales en sus ranuras y cerrándolos
con candado. Dentro colocó un banco bajo cu-
bierto de hojas de palmera. Una caja de madera
volteada hacía las veces de mesa y una maleta
casera alojaba Biblias y Nuevos Testamentos
junto con el Padrenuestro en árabe, el alfabeto
árabe e inglés y un texto que mandaba a todo

---

3 Ventanuco: Ventana pequeña y estrecha.

hombre en todo lugar «arrepentirse, porque el reino de los cielos se ha acercado».

Pasando tiempo en la tienda Sam aprendió pronto a distinguir el tipo de personajes que por allí desfilaban: comerciantes árabes de perlas que se apresuraban transportando cajas grandes; persas que se sentaban a conversar y tomar café con sus paisanos; y un armero[4] que se pasaba todo el día sentado en cuclillas, afilando espadas, reparando encendidos de chispa y poniendo mangos nuevos en cuchillos y navajas. También soldados turcos cansados y hambrientos que habían luchado en la península de Catar; peregrinos casuales de la India que llegaban en diversos vapores que hacían escala en Bahréin; esclavos negros de Abisinia; y mujeres tapadas con velo que circulaban silenciosas por la calle.

Rápidamente corrió la voz de que un estadounidense vendía libros occidentales en el bazar y Sam se hizo un experto en conversar con la gente nativa de la localidad. Les decía:

—«*Ta'al shoof.* Entren y vean. He aquí un Evangelio en árabe, una porción del Injil [Nuevo Testamento] del profeta Isa (Jesús) por una sola anna, unidad monetaria de la época. ¿Lo ha leído? El Corán afirma que es "luz y guía". ¿O prefiere leer los maravillosos salmos de David con esta bonita tapa verde por tres annas? He aquí toda la Torah [Antiguo Testamento] en persa por una rupia o un Nuevo Testamento con marco dorado por dos krans».

---

4   Armero: Fabricante de armas. Vendedor o componedor de armas.

Si una persona ponía en duda la autoridad de la Biblia, Sam respondía:

—Usted dice que no quiere leer el Libro santo porque ha sido corrompido. ¿Cómo lo sabe si no lo ha leído? ¿Acaso una caravana dice que el agua es amarga antes de llegar al pozo?

Y si una persona hacía ademán de salir de la tienda, le decía:

—Un momento. También vendo otros libros aparte de las Escrituras. Tengo un atlas en árabe; manuales básicos de ciencia, gramática, poesía, narrativa. ¿Ha leído *Lo más grande del mundo* o *La familia suiza Robinson* en árabe?

Hora tras hora, día tras día, Sam oraba y conversaba e intentaba que los que visitaban la tienda leyeran el Antiguo y el Nuevo Testamentos. Le agradaba que alguien se quedara para oír la lectura de una porción de la Biblia.

Mientras atendía la tienda, Sam tenía mucho tiempo para observar cómo trabajaba el dentista de al lado que resultaba ser también el herrero. Insertaba pequeñas virutas de madera entre los dientes para aflojar una muela ulcerada o infectada. Luego utilizaba alicates para extraer la muela. El procedimiento era sangriento y doloroso, y Sam estaba convencido de que podía ofrecer un mejor servicio.

Encargó de Bombay cuatro pinzas para dientes y una lanceta. Cuando llegó el equipo, montó una pequeña clínica dental. Compró dos cortinas rojas y dividió su habitación en tres apartados.

Uno sería su dormitorio, otro su estudio, y el tercero y más cercano a la puerta, el dispensario y consultorio dental. La gente acaudalada solía preferir que Sam acudiera a sus casas para administrarles asistencia odontológica, pero esto a veces causaba problemas, especialmente cuando tenía que ser tratada una mujer de la casa. En tales casos Sam tenía que extraer el diente con caries a través de un agujero en un velo.

Sam pronto se hizo famoso por practicar servicios dentales «indoloros», y no mucho después la gente empezó a solicitarle otros tipos de asistencia médica. Aunque no era doctor ni dentista titulado, aprendió de forma autodidacta aspectos básicos de diagnóstico médico y se alegró de compartir sus conocimientos con los residentes en Manama. Como no había médicos ni dentistas cualificados en Bahréin, Sam solía recordar un viejo proverbio que reza: «En el país de los ciegos, el tuerto es el rey».

Una vez que se involucró en el despacho de medicamentos, Sam esperó ávidamente la llegada de James Wyckoff. Pero en vez de ello recibió una carta deprimente de Jim. El doctor Wyckoff había estado en Arabia solo cinco meses y caído enfermo con disentería, por lo que se había trasladado a la región montañosa del sur de la India para recuperarse. Jim escribió que dudaba que el médico pudiera regresar en poco tiempo. Esto supuso un duro golpe para Sam y para la Misión Arábiga. Hasta entonces habían recibido dos médicos, pero ninguno de ellos logró durar más de seis meses. A pesar de su frustración, Sam perseveró.

A los pocos meses de su llegada Sam sintió que formaba parte del tejido de Bahréin. Había vendido 198 porciones de la Escritura y 162 libros religiosos y educativos. Y vio otros indicios alentadores. Un visitante musulmán compró una copia del Evangelio de Juan y más adelante volvió y confesó a Sam que él creía que Jesús era el Hijo de Dios. Poco después llegó una mujer a comprar una copia de los Salmos. Sam sabía que no era prudente hablar con ella, pero ella le susurró que quería conocer las enseñanzas judías porque sabía leer y escribir.

Cuando Peter llegó a Mascate en noviembre de 1893, Sam percibió que las cosas iban bien. Su destreza en la lengua árabe estaba mejorando, y contaba con varios amigos musulmanes fieles en Bahréin. También desde los Estados Unidos llegaban indicios que anunciaban grandes cambios en el horizonte de la Misión Arábiga.

Capítulo 13

La señorita Amy Elizabeth Wilkes

Cuando Sam, Jim, y Philip Phelps —bajo la dirección del doctor John Lansing— fundaron la Misión Arábiga, habían esperado que la organización se amparara bajo el paraguas de la junta de misiones de la Iglesia Reformada. Por ese tiempo, la junta de misiones de la Iglesia Reformada había declinado hacerse cargo de la Misión Arábiga porque dicha junta estaba fuertemente endeudada, con pesadas cargas económicas en la India, China y Japón.

Pero en 1894, las circunstancias habían cambiado. La Misión Arábiga funcionaba y no mostraba síntomas de desaceleración. Las cartas misioneras que Sam escribía y enviaba a casa eran ampliamente distribuidas entre sus familiares y amigos, quienes a su vez dejaban sentir su influencia en la junta de misiones de la Iglesia Reformada. En consecuencia, a principios de 1894, Sam y Jim recibieron una carta en la que se les explicaba que la junta de misiones estaba dispuesta a acoger la Misión Arábiga en su redil y asumir su administración y responsabilidad de captación de fondos.

Sam y Jim se alegraron mucho al conocer la noticia. Quitaba una carga de sus hombros saber que un grupo de hombres competentes y experimentados en los Estados Unidos estaban dispuestos a asumir esas responsabilidades. Confiaban que a partir de entonces hubiera un flujo constante de reclutas misioneros cualificados que fueran a colaborar con ellos.

Mientras tanto, Sam se dedicó a desarrollar su labor en Bahréin. Por esa época resultó evidente que el doctor Wyckoff no regresaría a Arabia. A pesar del tiempo de recuperación en las montañas del sur de la India, el doctor no pudo librarse de su enfermedad y decidió regresar a Estados Unidos. Sam administró la mejor atención sanitaria y dental que pudo, rogando siempre a Dios que enviara pronto otro médico para trabajar con él y hacerse cargo del cuidado de sus pacientes.

Una vez que Peter se estableció en Mascate, Sam recibía cartas de su hermano poniéndole al día del progreso de la base misionera. Peter

alquiló en Mascate una casa que tuvo que abandonar para que sirviera de residencia al cónsul
francés. Finalmente pudo encontrar otra casa
grande para alquilar. Hizo varias reparaciones,
pero no arregló el tejado. En una cómica carta
Peter relató que parte del tejado se había venido abajo, lo que hizo sonreír a su hermano
Sam. No hubo heridos, ya que no había nadie
en la casa cuando se produjo el colapso. A pesar de ello, no se dejó intimidar por esos primeros contratiempos y perseveró. Encontró otro
lugar para alquilar y se las arregló para abrir
una tienda bíblica, donde vendía porciones de la
Escritura y otros libros a las gentes nativas. Fue
un comienzo prometedor, y Peter progresó en el
aprendizaje del árabe. Sam se sentía orgulloso
de la labor que estaba realizando su hermano.

En marzo de 1895, Sam recibió noticias acerca de uno de sus hermanos en una carta que le
escribió su padre. No eran buenas. Adrián, hermano de Sam, de treinta y cuatro años, había
muerto de forma imprevista a consecuencia de
una neumonía, dejando viuda, un hijo de dos
meses y un hijo mayor de su primer matrimonio.
Esta noticia entristeció a Sam y le recordó que la
vida nos podía ser arrebatada en cualquier momento, incluso en un país como Estados Unidos,
dotado con modernas instalaciones sanitarias.

A fines de marzo, Sam viajó a Basora para
visitar a Jim, quien había servido con la Misión Arábiga cinco años y medio. Jim planeaba

retornar a Estados Unidos para disfrutar de un permiso, y Sam quería pasar unos días con él antes de su partida. Los dos jóvenes se ocupaban en la oración y planeaban una estrategia para futuras bases misioneras, cuando recibieron un telegrama. Jim lo leyó y se lo pasó a Sam: «Señoritas: Alice Philips y Amy Elizabeth Wilkes llegan a Basora en el SS *Clan Cameron*, el 1 de abril, a las cinco p.m. Por favor, recíbanlas y dispénsenles ayuda en Bagdad. Con gratitud, CMS».

Jim y Sam se miraron uno al otro y pusieron manos a la obra. Las jóvenes llegaban al día siguiente, y la casa de Jim estaba desordenada. Los hombres tenían que arreglar la casa y hacerla más acogedora. Sam se rio barriendo, limpiando el polvo y observando a Jim ocultar una pila de libros y cajas debajo de una mesa que cubrió con un gran mantel. En la mañana siguiente Sam fregó y secó las tazas nuevas que acababa de comprar en el mercado y esperó con impaciencia que el vapor atracara en Basora. Jim y él iban a conocer y acoger a dos jóvenes cristianas —cosa que ninguno de los dos había hecho en años.

Sam y Jim esperaban en el muelle y el SS *Clan Cameron* llegó a la hora indicada. Vieron desembarcar a dos jóvenes bastante atractivas. Se presentaron a las mujeres y éstas les dijeron que eran de Sydney, Australia. Amy Wilkes era de cabello oscuro, enfermera, había nacido en Inglaterra y después se había trasladado a Australia.

Sam y Jim recogieron el equipaje de las mujeres para hacerlo transportar a la casa de éste y acompañaron a las recién llegadas allí. En casa de Jim, prepararon té y Sam colocó las tazas nuevas sobre la mesa. Después se asomó a la ventana mientras Amy servía el té.

—Miren, por ahí pasa una caravana —exclamó Sam.

Amy se dio prisa para acercarse a la ventana y echar un primer vistazo a una caravana árabe, con tan mala fortuna que se le enredó el pie en el extremo del mantel, arrastrando la tetera y la loza de porcelana, que cayó al suelo provocando gran estrépito, haciéndose todo añicos.

Al ver lo que había hecho, Amy se acercó al balcón y rompió a llorar. Sam y Jim se miraron el uno al otro sin saber qué hacer. Finalmente, Sam se lanzó a consolar a Amy.

—No se preocupe —dijo intentando decir algo gracioso—, solo son cosas. Puede venir cuando quiera y romper todos los platos. ¿A quién le importa?

Amy esbozó una ligera sonrisa y se tocó los ojos con el pañuelo.

—No suelo ser así —dijo—. No lloro por cualquier cosa; debo estar muy cansada después de un viaje tan largo.

Sam asintió. Sabía exactamente lo que ella quería decir. Adaptarse al calor, los olores, y las costumbres extrañas, además del largo viaje, podía ser abrumador.

—Jim y yo haremos lo que podamos por ayudarlas —dijo sinceramente.

De hecho, Sam se ofreció para acompañar a las dos misioneras novatas del CMS hasta Bagdad. Llegaron allí el 12 de abril, justo cuando Sam iba a cumplir veintiocho años.

Sam regresó a Bahréin, pero pronto encontró una excusa para volver a Bagdad, y ofreció ayuda a Amy en el aprendizaje del idioma. En los siguientes meses Sam volvió varias veces a Bagdad, e incluso pasó allí más tiempo que en Bahréin. La verdad es que Sam se había enamorado de Amy, y no mucho después le pidió que se casara con él. Ella aceptó su propuesta y el 18 de mayo de 1896, poco más de un año después de conocerse, Samuel Marinus Zwemer y Amy Elizabeth Wilkes se casaron en el consulado británico de Bagdad.

Su matrimonio significó la transferencia de Amy de la misión CMS a la Misión Arábiga. Como ella no había completado los tres años de compromiso con el CMS, se le exigió devolver parte del coste de su pasaje a Arabia desde Australia. Sam pagó el dinero y a menudo bromeaba diciendo que había tenido que comprar a su esposa a la usanza de Oriente Medio.

Una semana después de la boda, Sam recibió una carta insólita de su hermano Peter. Había asumido la responsabilidad legal de dieciocho niños africanos entre siete y trece años de edad. Al saber la noticia, Sam y Amy se embarcaron en un vapor hacia Mascate para conocer la historia completa y cómo le podían ayudar.

Cuando llegaron a la casa de misión de Mascate, Sam halló a su hermano rodeado de dieciocho rostros oscuros de África Oriental. Cada niño tenía una marca grabada en la mejilla izquierda.

—¿Cómo has podido obtener la custodia de estos niños? —le preguntó Sam.

—Realmente, es una historia sencilla —empezó diciendo Peter—. Todos saben el gran problema que representa la esclavitud en esta parte del mundo, y que los británicos intentan ponerle fin. Una fragata de la Marina Real, la HMS *Lapwig*, capturó dos *dhows* árabes (embarcaciones de vela) con esclavos cerca de la costa de Omán. Estos dieciocho niños de África Oriental iban a bordo para ser vendidos como esclavos. Por lo visto, todos los niños fueron marcados. El barco británico los trajo a Mascate. Pero como nadie sabe de qué puerto proceden no pudieron repatriarlos. En vez de ello, fueron puestos bajo la custodia del cónsul británico en esta ciudad. Por supuesto, esta no fue la solución más idónea. Todos los niños son menores de trece años y corrían por las galerías del consulado. Se metían en todos los rincones y eran bastante molestos. El cónsul estaba desesperado. No sabía qué hacer con ellos. Entonces resolví intervenir. Hablé con el cónsul y me ofrecí a recibir a los niños. Debo confesar que él estaba deseoso de cederme la custodia —dijo Peter riéndose entre dientes.

—Pero ¿qué te propones hacer con ellos? —le preguntó Sam.

—La Escuela de Esclavos Libres —respondió Peter—. Los niños solo hablan swahili. En la escuela les enseñamos árabe e inglés, así como aritmética, otras materias prácticas, y por supuesto, estudiamos la Biblia. Con el conocimiento que adquieren los niños podrán emplearse, ganarse la vida y abrirse camino en el mundo. Y por qué no, quizá algunos lleguen a ser misioneros.

Peter continuó explicando que esperaba que la escuela creciese. Puesto que los británicos han resuelto acabar con el tráfico de esclavos entre África Oriental y Arabia, solo es cuestión de tiempo el que intercepten más niños rumbo a la esclavitud y sean traídos a la escuela.

Sam se conmovió con el compromiso de su hermano en proporcionar a los niños las destrezas necesarias para abrirse camino en la vida. También sonrió cuando Peter le dijo que había puesto a los niños nombres ingleses. Empezó dándoles los nombres de su familia, siendo el favorito Adrián, nombre de su padre y su hermano fallecido. El mayor de todos fue James, como su hermano mayor.

Una vez que Sam vio que su hermano había establecido la Escuela de Esclavos Libres, Amy y él partieron hacia Bahréin. A Sam le encantó enseñar a su esposa su nuevo hogar, pero también había algo que le preocupaba. Sabía que muchas cosas podían ir mal para una pareja de misioneros, especialmente por cuanto eran los únicos cristianos en todo el país.

A Amy pareció gustarle Bahréin y trató de dar un toque femenino a la casa que Sam y ella alquilaron. Pronto estuvo tan ocupada como su marido. En Bahréin, como en los otros países musulmanes que Sam había visitado, los hombres y las mujeres apenas se mezclaban. Había normas religiosas estrictas que prohibían a los solteros quedarse a solas y tocarse bajo ningún concepto. No mucho después, las mujeres buscaban a Amy para que las ayudara con sus problemas de salud. Como enfermera, Amy se alegraba de ser útil y se adhirió al sueño de Sam de fundar un hospital.

En el otoño de 1896, Jim volvió de su tiempo sabático y asumió sus responsabilidades en la misión de Basora. A principios de 1897, menos de un año después de casarse, Sam y Amy fueron de vacaciones a los Estados Unidos. Sam había estado en Arabia siete años y deseaba que su familia conociera a su esposa. Aparte de eso, Amy estaba embarazada con su primer embarazo, y daría a luz en los Estados Unidos. Antes de su viaje, Sam dejó un colportor a cargo de la tienda bíblica.

Sam y Amy disfrutaron el viaje de vuelta en el vapor. Se detuvieron en Adén, donde Sam enseñó a su esposa el lugar donde había vivido con Jim en ciudad del Cráter. Ascendiendo por el mar Rojo, le señaló los distintos lugares que había visitado. Cuando el vapor hizo escala en Al Hudaydah, Sam le contó a Amy el viaje que hiciera desde esa ciudad hacia el interior y las cosas asombrosas que había visto en Sana'a. Resoplando el vapor por el mar Rojo, Sam recordó su viaje a Adén para reunirse con Jim seis años antes. Poco conocía entonces de Arabia y sus habitantes. En el presente conocía mucho más y, en consecuencia, era mejor misionero.

Cuando la pareja llegó a los Estados Unidos, Sam disfrutó de muchos encuentros con viejos amigos y compañeros. Se detuvo en el seminario de New Brunswick para dirigirse al cuerpo estudiantil antes de ir a Michigan a reunirse con su padre y sus hermanos. Esperaba ver al doctor Lansing, pero John ya no enseñaba en el seminario. Se había jubilado debido a su precario estado de salud y trasladado a Denver, Colorado.

Sam y Amy llegaron a Spring Lake, Michigan, unos treinta y dos kilómetros al norte de Holland, donde residía su padre. Adriaan recibió a su hijo y conoció a su nuera. Maud, la hermana de Sam seguía viviendo con su padre, administrando la casa para él y ayudándole con su ministerio. En las semanas que siguieron, los otros hermanos de Sam le visitaron en procesión para ponerse al corriente de todas las cosas sucedidas mientras había permanecido en Arabia. Las visitas dieron a Sam la oportunidad de tomar en brazos a sus sobrinas y sobrinos por primera vez. Y se

entristeció cuando visitó la tumba de su hermano Adrián.

El 23 de mayo de 1897, estando aún en Spring
Lake, Michigan, Amy dio a luz a una niña a quien
pusieron por nombre Katharine, el nombre de su
abuela. No hace falta decir que para Sam Katharine era el bebé más hermoso del mundo y se
sentía orgulloso de ser padre.

Varias semanas después del nacimiento de
Katharine, Sam dejó a Amy con su padre y su
hermana e inició una agotadora gira de disertaciones y conferencias. Cuando partió para Arabia, la Misión Arábiga era una misión independiente. Pero en el presente formaba parte de la
red misionera de la Iglesia Reformada y Sam tenía muchas obligaciones que cumplir.

Dondequiera que iba, Sam daba a conocer
las necesidades y desafíos de las bases de la Misión Arábiga. Hablaba de la Escuela de Esclavos Libres que su hermano había fundado en
Mascate y la necesidad de patrocinio. Y lo más
importante, hablaba de la necesidad de médicos
para establecer un hospital en Bahréin.

Sus disertaciones empezaron a dar fruto. El
doctor Fred Barny se ofreció de voluntario para
trabajar con la Misión Arábiga y pronto fue enviado a Basora. Sam esperaba que este médico
permaneciera más tiempo en la misión que los
dos primeros que habían prestado servicio.

Sam conoció a Margaret Rice, prometida de
Fred, y dispuso que navegara hacia Arabia con

Amy y con él después de casarse con Fred. Sam también se entrevistó con George Stone, ministro presbiteriano que había oído hablar de la Misión Arábiga a través de su compromiso con el Movimiento Voluntario Estudiantil. George le explicó a Sam que había hecho todo lo posible por evitar ir al campo de misión en el extranjero, y no había tenido paz hasta solicitar servir con la Misión Arábiga.

George le cayó bien a Sam de inmediato y dispuso que él también viajara con Amy y con él al final de su tiempo de vacaciones. Y también hubo otras noticias buenas. Sam habló con Sharon Thoms y su esposa Marion, ambos médicos y cristianos comprometidos, licenciados en la Escuela de Medicina de la Universidad de Michigan. Ellos le hicieron muchas preguntas relativas a la misión y se entusiasmaron por poder formar parte de la nueva obra sanitaria en Bahréin.

A principios de 1898, Sam recibió noticias desalentadoras. Su hermano Peter había caído enfermo en Mascate. Estaba tan enfermo que tenía que regresar a los Estados Unidos para recibir asistencia médica. Sam comenzó a alterarse por el bienestar de su hermano. Jim escribió a Sam y le contó que había ido a Mascate a continuar la obra misionera debido a la enfermedad de su hermano y que Peter estaba tan enfermo que había tenido que ser transportado hasta el vapor en una camilla para emprender viaje a casa.

Cuando Peter llegó a Nueva York el 12 de julio de 1898, fue llevado directamente del barco al hospital presbiteriano. Sam viajó a Nueva York a visitar a su hermano y se encontró a Peter postrado en una cama de hospital, pálido y demacrado, pero completamente involucrado con la misión de Mascate. Le explicó a Sam que estaba preparando un informe para la junta de misiones esbozando los cambios que él creía necesarios en la casa de misión de Mascate para adecuarla a la obra que se estaba haciendo. Peter también se refirió a la Escuela de Esclavos Libres y presentó a Sam un informe de cómo les iba a los niños.

—Debo confesarte que todavía no he hecho nada. Cuando vuelva a Arabia estaré listo para empezar a trabajar —confesó Peter a Sam.

Mientras escuchaba a su hermano, Sam sonrió al constatar su gran compromiso y su entusiasmo por la obra misionera en toda Arabia. Solo esperaba que Peter experimentara una rápida y completa recuperación. Al terminar su visita, Sam se despidió de su hermano y ambos se prometieron reunirse tan pronto como Peter regresara a Mascate.

Poco antes de zarpar rumbo a Arabia, el 17 de agosto de 1898, Sam recibió una carta de Sharon y Marion Thoms en la que le anunciaban que se habían ofrecido como voluntarios para servir en la Misión Arábiga y que esperaban incorporarse al año siguiente.

Sam, Amy y la pequeña Katharine, acompañados de Margaret Rice y George Stone, zarparon de Nueva York a bordo del vapor *Majestic*, con destino a Liverpool, Inglaterra. Desde allí viajarían a Egipto y después, por el canal de Suez, descenderían por el mar Rojo y doblarían la costa sur de la península arábiga hasta Karachi, Paquistán, donde se embarcarían en otro vapor para cubrir la última etapa del viaje. Todos estaban listos y anhelantes de abrazar la obra misionera que tenían por delante.

Capítulo 14

Por fin el hospital

A principios de octubre de 1898, el grupo de misioneros llegó a Karachi, Paquistán, e hicieron transbordo para completar el viaje hasta Bahréin. El Dr. Fred Barny les estaba esperando; es más, también esperaba a su novia, Margaret Rice. Fred pasó tiempo en Basora y Mascate y viajó a Karachi para casarse allí con Margaret mientras los Zwemer y George Stone navegaban hacia Bahréin. Después de su luna de miel, viajaron a Mascate para ayudar a Jim con el trabajo de la misión.

Poco después de llegar a Bahréin Sam recibió un telegrama de los Estados Unidos. Su hermano Peter había muerto el 18 de octubre. Su cuerpo fue llevado a Michigan para ser enterrado junto al de su madre y su hermano Adrián. Fue un duro golpe para Sam. Cuando se despidió de él en el hospital estaba seguro de que le volvería a ver.

Sintiéndose afligido por la muerte de su hermano, Sam volvió a leer las cartas de noticias que Peter le había enviado y se consoló. En una de ellas había escrito: «Ningún gobierno ni sacerdote puede prohibir conversar llanamente con amigos sobre religión, y cuando ellos, quizás accidentalmente, adquieren las Escrituras, podemos hacerles la pregunta que hizo Felipe al eunuco de Candace: "Pero ¿entiendes lo que lees?". En este sentido, todos los países musulmanes son accesibles, y de este modo tenemos el privilegio de dar testimonio de la verdad de Jesús a muchos».

Sam se fortaleció con el mensaje y el legado de Peter. Aunque era difícil y a menudo ilegal predicar masivamente a la población musulmana, *era* posible andar sosegadamente haciendo el bien y conversar con individuos acerca de Jesús. Una semana más tarde ocurrió un incidente que reafirmó este enfoque. Un anciano árabe visitó a Sam. Comprendió bastante bien el cristianismo y pidió una Biblia para leerla. Volvió a menudo para conversar y hacer preguntas sobre lo que leía. Como se presentaba un día sí y otro también, Sam notó que siempre llevaba el pie envuelto en una venda. Finalmente, le preguntó qué le pasaba en el pie. Y el anciano respondió:

—Oh esa venda es solo una excusa para los que me preguntan por qué vengo a verle con tanta frecuencia. El pie está sano —Sam rio de buena gana al ver la imaginación del anciano. Y mediante este tipo de conversaciones privadas proseguía la labor de la predicación del Evangelio.

Sam y Amy se comprometieron a continuar en la isla de Bahréin y expandir la base de misión hasta un futuro permiso. Había muchas cosas que deseaban llevar a cabo. Una cosa que Sam quería era escribir un libro. Pensó que sería la mejor manera de transmitir información acerca del mundo islámico e inspirar a reclutas misioneros para servir en Arabia. Sam empezó a escribir un libro titulado: *La cuna del islam: Estudios de geografía, pueblos y políticas de la península con una explicación del islam y la obra misionera*. Escribir un libro representó un desafío, pero Sam lo disfrutó.

Mientras Sam se esforzaba en Bahréin, Jim trabajaba en Mascate y supervisaba la Escuela de Esclavos Libres. George fue a Basora para aclimatarse a la vida en Arabia y aprender el idioma. A George se le añadieron poco después los Thoms procedentes de Estados Unidos.

Después de pasar un tiempo en Basora, George fue a Mascate para trabajar con Jim. Lamentablemente, a los diez meses de llegar a Arabia, George cayó enfermo. Jim le envió a convalecer en Barka, donde el calor no era tan intenso. El 28 de junio de 1899, George escribió desde Barka, situada unos cuantos kilómetros al oeste, para comunicar que se encontraba mejor. Pero pocas horas después de escribir la carta y enviarla sufrió una insolación y falleció. Su cuerpo fue envuelto en una vieja vela y enviado al muelle de Mascate, donde Jim tuvo que reclamarlo. George fue enterrado junto a la tumba de Thomas Valpy French, en el cementerio de Cove, en Mascate.

Cuando la noticia de la muerte de George llegó a Bahréin, Sam se quedó atónito. Se preguntó qué podía significar aquello. Su hermano Peter y George Stone, los miembros más jóvenes y físicamente más fuertes de la Misión Arábiga cayeron enfermos y murieron en un periodo de nueve meses. Sam escribió a casa otra carta de noticias, comentando los fallecimientos.

Si la muerte de dos misioneros estadounidenses no despierta la necesidad que hay en el oscuro oriente de Arabia, ¿qué otra cosa lo hará? Muertos, nuestros hermanos hablarán. ¿Saben qué mensaje darían si hablaran desde el púlpito o en su salón? Sería un mensaje como el de Johann Ludwig Krapf, misionero, explorador y lingüista alemán desde África Oriental: «Nuestro Dios nos manda construir primeramente un cementerio, antes que una iglesia o una casa, para mostrar que la resurrección de África Oriental se debe llevar a cabo mediante nuestra propia destrucción. Nuestras expectativas y esperanzas optimistas de éxito inmediato deben ser sepultadas, como Lázaro. Con todo, resucitarán, y nuestros ojos verán por fin la gloria de Dios.

A pesar del revés de las muertes, los misioneros experimentaron algunas victorias. El sábado, 30 de junio de 1899, se celebraron los primeros bautismos en Bahréin. Lidia y sus tres hijos, Nejma, Razouki y Mejid, huyeron de Bagdad a Bahréin para escapar de la obligatoriedad de la religión islámica. Las autoridades turcas habían amenazado con obligar a Lidia a casarse con un musulmán y mandar a sus hijos a una escuela del Estado turco. Asombrosamente, Lidia y sus hijos pudieron escabullirse de Bagdad, llegar hasta Bahréin a la base de misión, y recibir más instrucción sobre la fe cristiana. Lidia y sus tres hijos confesaron su deseo de ser bautizados. El domingo siguiente por la tarde Lidia se reunió con Sam, Amy y unas doce personas para un servicio religioso en el que recibieron su primera comunión.

También, en 1899, en Bahréin, Amy dio a luz a otra niña que pusieron por nombre Nellie Elizabeth, aunque todos la llamaron Bessie.

A principios de diciembre de 1899, el reverendo Harry J. Wiersum llegó de los Estados Unidos para prestar servicio en la misión. Como la mayoría de los reclutas, fue a Basora para aclimatarse al estilo de vida árabe y estudiar una lengua que calificó en una carta enviada a Sam como «la lengua más difícil y desconcertante que existe».

Sam se esforzó por mantener informados a sus amigos y patrocinadores acerca de lo que se proponía, pero era difícil describir cuán diferente era la vida en Bahréin. La tarde del 7 de diciembre de 1899 se sentó a escribir una carta de Año Nuevo a su familia, dedicando buena parte de la misma a describir cómo era para él un día normal en Bahréin.

Hoy ha sido un día fresco y luminoso en este invierno suave. En esta estación, el tiempo no impide la obra misionera ni disipa el entusiasmo. Nos levantamos como a las seis de la mañana, y mientras la señora Zwemer vestía a las niñas, leí para ella en la epístola de Juan. Nuestra lectura fue interrumpida por una llamada temprana, un *banian* (comerciante hindú), que vino a adquirir un mapa de Bahréin y un atlas que no pudo encontrar en la librería el día anterior. Se quedó un buen rato y se llevó otros libros con él, pero como algunos versaban sobre cristianismo, los devolvió luego cortésmente. Después desayunamos, y a continuación, la familia, incluidos los colportores, nos reunimos en el estudio para la oración matutina. Leímos el Salmo 31 por turnos y, después de hacer algunos comentarios breves, Jusef (un colportor) nos guió en oración. Pero ya había doce pacientes, o más, esperando a la puerta del dispensario médico.

Sam siguió contando que después del tiempo de oración Jusef fue enviado con libros al bazar semanal que se celebraba los jueves en Suk-el-Khamis, a poco más de tres kilómetros de distancia. Sam y un ayudante, Gibrail, atendieron a los pacientes que esperaban asistencia médica. Trataron pacientes con fiebre, úlceras, infecciones oculares y disentería. Amy llegó un poco más tarde para atender a las mujeres y los niños.

Aparte de tratar a los pacientes, Sam y Gibrail se las arreglaron para vender ocho copias del Evangelio de san Juan. Sam anotó también lo que había almorzado: cordero, berenjenas, arroz, pan local y pudín. Después de la oración de la tarde, Sam atendió a más pacientes, mientras que Amy se fue de excursión. Llevó consigo fardos de ropa para niños confeccionada por las mujeres de la Iglesia Reformada en los Estados Unidos y la distribuyó a los necesitados. Por el camino, Amy fue invitada a entrar en una casa donde habló con diez mujeres sobre el tercer mandamiento —No tomarás el nombre de Dios en vano—, y respondió toda clase de preguntas que las mujeres le hicieron sobre el estilo de vida y el culto al Dios cristiano.

Después de atender a los pacientes y otros asuntos de menor trascendencia, Sam logró dedicar un poco de tiempo a la lectura antes de cenar y acostar a las niñas. Pero el día no había aún concluido. Por la noche dio una charla en inglés y árabe a varios comerciantes locales acerca de sus viajes, ilustrando la charla con mágicas diapositivas proyectadas sobre una sábana blanca colgada para tal fin. En todo lo que hacía, Sam procuraba ofrecer una demostración práctica del amor y la compasión de Dios por la gente y buscar momentos de conversación privada para poder compartir directamente el Evangelio. Sam concluyó su relato de las actividades cotidianas escribiendo: «La jornada se ha cumplido. Este es un vistazo del recorrido de nuestro quehacer diario».

A medida que 1899 tocaba a su fin, Sam completó su libro sobre Arabia y envió el manuscrito a un editor en Nueva York. El nuevo año se aproximaba y Sam se mantuvo ocupado con su obra misionera en Bahréin. Se emocionó cuando *Arabia: La cuna del islam: Estudios de geografía, pueblos y políticas de la península con una explicación del islam y la obra misionera* fue publicado en la primera mitad del año y recibido con buena crítica. Sam se alegró aún más cuando, en 1900, recibió noticia del doctor Alfred DeWitt Mason, ex tesorero de la Misión Arábiga. El doctor DeWitt y su hermano, en Brooklyn, Nueva York, habían donado seis mil dólares de la propiedad de su padre para edificar un hospital en Bahréin. Para Sam fue un sueño hecho realidad. No solo contaba con dos médicos que colaboraban con él en Bahréin (Sharon y Marion Thoms se habían trasladado a la isla después de pasar un tiempo en Basora), también contaba con el dinero necesario para empezar a construir el hospital que por tanto tiempo había soñado. Sam se alegró de tener a los Thoms en Bahréin para ayudar a Amy a dar a luz su tercera niña, a quien pusieron por nombre Ruth, y de volver a ser padre.

Sam fue avanzando con el proyecto del hospital y comenzaron dos años de frustraciones y negociaciones constantes. Le había resultado difícil al llegar a Bahréin encontrar un dueño que estuviera dispuesto a alquilar una casa a misioneros cristianos. Lo mismo sucedió cuando buscó un terreno adecuado para construir el hospital. Aunque los residentes en Manama reconocieran el valor de la asistencia médica, nadie estaba dispuesto a vender una parcela de terreno a la misión. Los ricos se conformaban con que los médicos estadounidenses les visitaran en sus propios hogares y no se hacían cargo de la necesidad de proporcionar a los pobres servicios médicos. Sam visitó al jeque Isa bin Ali, soberano de Bahréin, y le preguntó si quería vender a la misión una parcela de terreno que poseía en las afueras de Manama. El jeque dispensó a Sam una cálida acogida, pero cuando éste le preguntó por el terreno, los consejeros del jeque le ofrecieron todo tipo de objeciones y justificaciones para no realizar la venta.

Sam se sintió frustrado y decepcionado. Luego se enteró de otro terreno en venta y alcanzó un rápido acuerdo con el propietario. Firmó un contrato de compraventa y pagó la mitad de su precio. Iba exultante camino a casa para contar a Amy y los Thoms los pormenores de la adquisición.

Pero el entusiasmo de Sam duró poco. Esa misma noche, su amigo Hassan Musherif llegó a la casa de misión disfrazado. Se disculpó por llegar tan tarde y dijo que iba disfrazado para que nadie le reconociese.

—Le han engañado —anunció a Sam—. Tiene que devolver el contrato de compraventa y recuperar su dinero.

Sam se sorprendió ante el giro inesperado de acontecimientos.

—Le han jugado una mala pasada —dijo Hassan—. El terreno que le han vendido es el solar donde se hallan las ruinas de una mezquita. Una vez que comience a edificar, las autoridades declararán que es propiedad sagrada, confiscable (*wag*), y le obligaran a detenerse. Lo perderá todo.

A la mañana siguiente, Sam fue a hablar con el dueño del terreno. Sin traicionar la confianza de Hassan, confrontó al dueño por haberle engañado y se marchó después de conseguir que le devolvieran el depósito y romper el contrato. Sam se alegró de recuperar su dinero, pero estaba más lejos de conseguir el terreno.

Por un mes Sam y Amy y los otros misioneros que servían en Bahréin oraron y esperaron. Cuando parecía que habían llegado a un callejón sin salida en la búsqueda de un emplazamiento adecuado para el hospital, Sam recibió una noticia sorprendente. Un consejero de confianza del jeque Isa bin Ali había tenido un sueño en el que vio a *Nebi Isa* (Jesús). En el sueño, Jesús le había dicho que vendiera una parcela de tierra a los misioneros. A consecuencia del sueño, el jeque quería reanudar la negociación con Sam. El 16 de agosto de 1901 se alcanzó un acuerdo con el jeque para adquirir el terreno por cuatro mil rupias.

Cuando se completó la compra del terreno, se elaboró rápidamente un plan para construir un edificio de dos plantas rodeado por tres lados con galerías de tres metros y medio de anchura. La estructura se edificaría con piedra caliza que se llevaría al solar desde la costa. Se contrataron albañiles para colocar la piedra mientras los carpinteros se encargaban de hacer puertas y ventanas de madera de teca importada de Bombay, la India. Las bisagras y las cerraduras de puertas y ventanas, así como las pinturas y barnices, fueron importadas de Londres.

Como Sharon y Marion Thoms atendían a los pacientes que acudían cada día a la misión para recibir asistencia médica, Sam tenía libertad para supervisar la construcción del hospital, pero tuvo que afrontar muchas dificultades. Por ejemplo, en esa parte de Arabia se acostumbraba hacer un sacrificio de sangre en las cuatro esquinas del cimiento del edificio para conjurar accidentes en el lugar de construcción. Sin ese sacrificio, los albañiles no estaban dispuestos a trabajar. Los animales fueron sacrificados, como de costumbre, y Sam hizo una gran barbacoa para los trabajadores.

Las obras durante el calor abrasador del verano fueron lentas. Cuando llegó el invierno y

Sam esperaba que el proyecto avanzara, se desató una epidemia de cólera en la isla, lo que causó nuevos retrasos. Luego hubo que resolver problemas planteados en las escaleras y en el techo antes de reanudar el trabajo. Además de todo esto, los albañiles y los carpinteros requerían supervisión constante. Si se les dejaba sin vigilancia, los obreros se detenían, cruzaban los brazos, conversaban y fumaban. También tenían que ser constantemente estimulados para hacer un trabajo a conciencia. De otro modo, buscaban atajos y hacían un trabajo de inferior calidad que a menudo había que repetir, con el consiguiente derroche de tiempo y de materiales.

Sam estaba tan centrado en el nuevo hospital que a veces perdía de vista lo que estaba sucediendo en las otras bases de la Misión Arábiga. Llegaron más voluntarios de los Estados Unidos para servir en la misión. Mientras el edificio iba tomando forma, Sam se enteró de que uno de los voluntarios, Harry J. Wiersum, había muerto el 3 de agosto de 1901. Harry había prestado servicio en la base de misión de Basora, donde contrajo la viruela. Era el tercer recluta misionero que moría sirviendo a la Misión Arábiga.

Durante 1901, en tanto continuaba la construcción del hospital, Sam asumió un nuevo desafío: escribir otro libro, en esta ocasión la biografía de Raimundo Lulio, considerado el primer misionero a los musulmanes. Raimundo nació en 1235 en la ciudad de Palma, isla de Mallorca, en el seno de una familia rica y distinguida y fue una figura de relieve en su tiempo, cortesano y poeta en la corte del rey Jaime II de Aragón. Aunque estaba casado y tuvo varios hijos, Raimundo intentó seducir a la esposa de otro oficial de palacio. Pero mientras componía un sugestivo poema para esa mujer, tuvo una visión de Cristo colgado en la cruz, mirándole con pena. Como resultado de su experiencia, a la edad de veintiocho, Raimundo cayó bajo convicción de pecado y empezó a vivir con entusiasmo su vida cristiana.

Después de su conversión, Raimundo sintió la carga de predicar el Evangelio a los musulmanes. Dedicó nueve años a estudiar la lengua y la cultura árabe, filosofía y religión. Después de dominar su lengua y su cultura desafió a otros para que fueran misioneros a los musulmanes. Como nadie respondiera al desafío, decidió ir él mismo. Viajó varias veces a Túnez, en el norte de África, donde debatió abiertamente con eruditos islámicos, varios de los cuales llegaron a confesar su fe en Jesucristo. Sus actos no pasaron desapercibidos. En su tercer viaje al norte de África, cuando tenía ochenta y dos años, fue apedreado por una turba de airados musulmanes en la ciudad de Bugía. Un comerciante genovés hizo llevar al herido Raimundo a Palma, donde murió al año siguiente.

Estudiando la biografía de Raimundo Lulio, Sam comprendió que su vida era de gran inspiración. Comenzó la historia con este prefacio:

No hay figura más heroica en la historia de la cristiandad que la de Raimundo Lulio, el primero y quizás el más grande misionero de los que han evangelizado a los mahometanos. No existe una biografía completa de Lulio en lengua inglesa, por lo que es necesario rescatar la memoria de este pionero olvidado. . . su amor abnegado nunca se desvanece y su memoria nunca perecerá. Su biografía subraya su propia divisa: *«El que vive por la Vida no puede morir»*. Esta parte de la vida de Lulio tiene un mensaje para nosotros hoy y nos llama a ganar el mundo mahometano para Cristo.

Mientras Sam estudiaba y escribía la biografía de Raimundo Lulio, se mantuvo ocupado supervisando la construcción del hospital. A pesar de sus muchas responsabilidades, Sam progresó en la preparación de la biografía y la completó a principios de 1902. El 30 de marzo de 1902 fue la mañana de un día feliz cuando envolvió el manuscrito y lo envió a su editor en Inglaterra. Más feliz aún fue ese día por la tarde cuando Amy dio a luz a otro bebé, esta vez un hijo. En honor de la biografía recién terminada, Sam y Amy pusieron por nombre a su hijo Raimundo Lulio. Pidieron a Dios que llegara a ser un gran misionero en Arabia, como su homónimo (o tocayo). Los Zwemer ya tenían cuatro hijos: Katharine, Bessie, Ruth y Raimundo.

La construcción del hospital progresó bien durante 1902. Puesto que la nueva instalación precisaba de un suministro adecuado de agua potable, los trabajadores cavaron un pozo en el recinto. No obstante, el agua que encontraron era salobre e inservible. Pero la llegada de un molino de viento de una iglesia en Waupun, Wisconsin, alteró la ecuación. Podrían perforar el pozo a mucha más profundidad, hallar agua potable, y usar el molino para bombear agua a la superficie.

El molino de viento llegó a Bahréin desmontado en piezas, acompañado de dos llaves inglesas y una serie de instrucciones para su montaje. La torre del molino fue sujetada en el suelo. Se colocó un depósito de madera para almacenar el agua una vez sacada a la superficie. Todo estaba listo para izar el molino en su sitio. Entonces surgieron problemas. Una multitud de varios centenares de personas se juntó para ver cómo un grupo de hombres alzaban el molino con cuerdas y una polea. Pero a media altura, se deslizó y cayó al suelo quedando reducido a un montón retorcido. Al ver el molino destrozado, Sam lloró decepcionado y desesperanzado. Esa noche se preguntó si se podría acabar algún día el hospital.

Al día siguiente el *SS Asiria*, vapor que navegaba regularmente por el golfo Pérsico, hizo escala en Bahréin. En las muchas paradas que el vapor hacía en Bahréin, Sam se había hecho amigo del ingeniero de la nave. Entonces visitó al hombre en el barco y le contó la historia del molino arruinado. El ingeniero sonrió al ver el metal combado y explicó a Sam que el error se debía a la tensión que había sufrido la torre al izarla. Llegó un grupo de marineros y se pusieron a trabajar en el molino. Trajeron una fragua portátil y se pusieron a enderezar los hierros torcidos y la torre. Después, bajo la vigilancia del ingeniero del barco, levantaron el molino en el sitio debido. Sam se maravilló y no mucho después, el molino bombeó agua.

También se cometieron otros fallos al instalar las tuberías para acercar el agua al lavabo de la sala de cirugía y el pabellón de mujeres. Las tuberías tenían fugas cuando el agua empezó a fluir por ellas. Pero se descubrió el problema y se ajustaron las tuberías con plomo blanco en los empalmes. Para alivio de Sam, no volvió a aparecer ninguna fuga.

Para diciembre de 1902, el nuevo edificio estaba a punto de ser terminado. Sam dejó a Sharon Thoms encargado de vigilar los últimos detalles mientras él emprendía viaje a la India. Había sido invitado a asistir a la cuarta conferencia misionera decenal india que se iba a celebrar en Madrás del 11 al 18 diciembre. Esperaba que, al volver de la conferencia, todo estuviera en orden en el nuevo edificio. Anhelaba presenciar la dedicación del hospital y su puesta en funcionamiento para ministrar las necesidades sanitarias de los habitantes de Bahréin.

Capítulo 15

El precio del éxito

Sam llegó a Madrás, en la costa sureste de la India, justo cuando iba a comenzar la cuarta conferencia misionera decenal india. La conferencia inter-confesional se celebraba cada diez años. A ella asistían unos doscientos misioneros de la India y Birmania, y como Sam servía en Arabia, se alegró cuando fue invitado.

La conferencia recordó a Sam los días del Movimiento Voluntario Estudiantil en los Estados Unidos, en los que se organizaban eventos y conferencias en iglesias, seminarios y campus universitarios; Como en aquellos días, a Sam le parecía que todos los asistentes a esta conferencia tenían historias interesantes y enriquecedoras que contar. De hecho, la atmósfera de la conferencia le fortaleció. Después de concentrarse tantos meses en la construcción del hospital, en Bahréin, fue bueno recordar el reto misionero más amplio que afrontaba la Iglesia cristiana en todo el mundo. Mientras Sam escuchaba ponencias de misioneros enviados por una variedad de denominaciones y misiones, se dio cuenta de que muchas de las dificultades que él y su equipo afrontaban en Bahréin eran similares a las de los misioneros que laboraban entre la población india musulmana. Por ejemplo, el asunto del ministerio a las mujeres en su mayor parte ocultas a la vista, la dificultad de predicar abiertamente el Evangelio, y la oposición pasiva y a veces activa que se fomentaba en las comunidades musulmanas, complicaba la vida de los misioneros.

A medida que se fue desarrollando la conferencia, Sam notó también otra cosa. Aunque una quinta parte de la población india era musulmana, la obra misionera entre ellos tuvo escasa presencia en la agenda de la conferencia. Cuando Sam preguntó a otros misioneros ¿por qué sucedía esto?, le respondieron que la obra entre los musulmanes era descorazonadora y que pocas personas comprendían los problemas concretos que surgían en la evangelización del mundo islámico. Tal respuesta ayudó a Sam a concebir una idea: ¿Por qué no celebrar una conferencia misionera especialmente para los misioneros que trabajaban entre los musulmanes, con independencia del país donde residieran? Sam conversó con varios asistentes a la conferencia respecto a la idea y obtuvo una respuesta entusiasta. Se lanzó a organizar la primera conferencia de este tipo que sería muy útil para animar a los muchos misioneros desalentados que trabajaban en poblaciones islámicas.

Fortalecido y entusiasmado, Sam regresó a Bahréin después de la conferencia. Con regocijo comprobó que el hospital estaba terminado. Para él era un hermoso motivo de satisfacción por el que se sentía muy agradecido.

En enero de 1903, la reunión anual de la Misión Arábiga se celebró en Bahréin. Fue un tiempo en el que los misioneros que servían en todas las bases de la región se reunieron para confraternizar, orar y planear estrategias. El domingo 26 de enero, los misioneros asistieron al servicio de dedicación del Mason Memorial Hospital. Durante el servicio Sam pronunció un discurso, y Jim elevó una oración de dedicación de la nueva instalación.

Mientras dedicaban el hospital a Dios y al pueblo de Arabia, Sam tuvo que contener las lágrimas. Después de tantas dificultades y respuestas a la oración, el hospital —su sueño y el único de su clase en Arabia— estaba terminado y preparado para recibir los primeros pacientes. Después de la dedicación formal, Sam se unió al canto de un himno compuesto para la ocasión:

Acepta este edificio, misericordioso Señor,/
Aunque no sea templo; / Lo destinamos a los
pobres angustiados;/ Por tanto, buen Dios,
para ti es.

Al cabo de poco el nuevo hospital estaba lleno de actividad. Cada vez acudían más pacientes y más personal llegaba para ayudar. Elizabeth DePree, enfermera, y primera mujer soltera
de la Misión Arábiga trabajó junto a los docto-
res Sharon y Marion Thoms, y se ocupó de los
pacientes. James Moerdyk, de Drenthe, Michigan, dotado para la administración empresarial,
ayudó a gestionar el hospital. Más adelante llegó Jane Scardefield para ayudar en la campaña
misionera, sobre todo a las mujeres y los niños.

Una vez que las cosas discurrieron bastante
bien, Sam dedicó su atención a organizar la conferencia para misioneros que vivían en poblaciones musulmanas. Se mantuvo correspondencia
con el doctor H. U. Weitbracht de la Church
Missionary Society en Lahore, Paquistán (India
hasta 1947), a quien había conocido en Madrás.
En sus cartas entró en escena la nueva conferencia. Se celebraría en El Cairo, Egipto, entre
el 4 y el 9 de abril de 1906, y Sam haría las
veces de presidente del comité organizador. Se
formaron varios comités menores para supervisar diversos aspectos de la agenda, y asegurar-
se que se invitaba al mayor número posible de
misioneros a la conferencia.

Con la planificación activa de la conferencia de El Cairo, como se dio en llamar, Sam se

propuso escribir un libro sobre la concepción musulmana del carácter de Dios, según el Corán y la tradición islámica. Lo tituló *La doctrina islámica de Dios*, y proyectaba publicarlo y tenerlo disponible para la conferencia de El Cairo.

A fines de agosto de 1903, mientras Sam se ocupaba en arreglar algunos detalles de la conferencia de El Cairo, recibió la noticia de que su hermano Fred había fallecido después de una breve enfermedad. La noticia le pareció casi increíble. Cuando Sam le vio por última vez, estaba sano y en buena forma, y de golpe y porrazo estaba muerto. Sam hubiera deseado estar presente en el funeral, pero sabía que eso era imposible. Oró por la esposa y los hijos de Fred y les escribió cartas para consolarles por su pérdida.

Habría otros fallecimientos en la familia, y mucho más cercanos. En junio de 1904, mientras Sam gestionaba la obra de la misión en Bahréin, planeaba la conferencia de El Cairo y escribía un capítulo tras otro de su nuevo libro, una epidemia de fiebre tifoidea arrasó la isla. En consecuencia, murieron muchos habitantes de Bahréin, si bien la familia Zwemer se mantuvo sana. Pero cuando parecía que el peligro ya había pasado, dos de las hijas de Sam, Katharine, de siete años, y Ruth, de cuatro, cayeron enfermas con fiebre. Las atenciones recibidas en el hospital no fueron suficientes. El 7 de julio de 1904 murió Ruth. Y una semana después murió Katharine. Antes de su fallecimiento, Katharine pidió a sus padres que le cantaran su himno favorito «Mi Salvador, tú vienes pronto». Juntos, Sam y Amy cantaron:

Mi Salvador, tú vienes pronto,
Rey mío, sin tardanza ven,
En tu hermosura refulgente
Y tu gloria trascendente,
Nos regocijamos y cantamos.
Vuela en las alas del alba,
Lenta alborada, luminoso heraldo,
Mi abogado y gloria mía, ven,
¿No oigo las doradas campanas?

La muerte de sus dos hijas fue un duro golpe para Sam y Amy. Sus encantadoras hijas se ausentaron. Las dos niñas fueron enterradas en la misma tumba y en la lápida se grabaron estas palabras: «Digno es el Cordero inmolado de recibir las riquezas».

Después de las pérdidas de Katharine y de Ruth, a Sam le costó mucho continuar su trabajo sin oír el bullicio de la risa de las niñas. A veces le vencía una profunda tristeza. Otras veces su recuerdo le estimulaba a trabajar con más ahínco para salvar las vidas de los niños que llegaban al hospital para recibir tratamiento.

En marzo de 1905, ocho meses después de los fallecimientos de Ruth y Katharine, Sam y Amy y sus otros dos hijos supervivientes, Bessie y Raimundo, se tomaron un tiempo sabático. Mientras navegaban hacia Estados Unidos, Sam reflexionó en los más de seis años que habían transcurrido desde sus últimas vacaciones. Muchas cosas habían sucedido durante ese tiempo. La Misión Arábiga había crecido, contaba con dieciséis misioneros en tres bases de misión y planeaba abrir otra base en Kuwait. Y no solo eso, el Mason Memorial Hospital funcionaba a pleno rendimiento y ministraba las necesidades sanitarias de los residentes en Bahréin y alrededores.

Todo ese éxito había tenido un precio, y para los Zwemer ése precio había supuesto la muerte de Ruth y Katharine. Pero a pesar de esa tragedia, Dios había sido fiel, luego de un·tiempo Amy volvió a quedarse embarazada. Otro bebé les nacería mientras estaban de sabático. Y luego se celebraría la conferencia de El Cairo al año siguiente. Sam estaba seguro de que este evento representaría un punto de inflexión en la evangelización y obra misionera entre los musulmanes.

Cuando llegaron a Estados Unidos, Sam y Amy se dirigieron a Michigan para quedarse con su padre y su hermana. Varias semanas después de llegar a casa Sam recibió una noticia en Michigan: la doctora Marion Thoms había fallecido el 5 de abril de 1905. Su marido y ella habían dirigido el hospital de Bahréin. La muerte de Marion causó profunda tristeza a Sam y Amy. Durante los años que habían trabajado juntos en Bahréin, los Thoms habían llegado a ser buenos amigos y colaboradores fieles. Sam y Amy escribieron un homenaje a Marion que fue publicado en el boletín de noticias de la Misión Arábiga.

Ella no solo fue esposa de un misionero, sino una auténtica heroína, fuerte y abnegada misionera. En su triunfante lecho de muerte demostró que incluso en ese momento no pensó en sí misma, sino en la oscura Arabia. Sus últimas palabras comunicaron este mensaje: «Envíense más misioneros a la obra y sustitúyanse a los que han caído por el camino». Todo el que conocía a la señora Thoms recordará su escrupuloso esmero y su devoción heroica. Solía estar preparada ante la llamada del deber y cuán a menudo trabajaba más allá de sus fuerzas por sus hermanas árabes. Ellas lo sabían y la querían. Su destreza y su paciencia como doctora, su fidelidad en el aprendizaje del idioma, su sencillez y su humildad, su poder en la oración por los demás y su alegría —todo acude a la mente al conocer la noticia de su fallecimiento.

La buena noticia fue que otro médico, Arthur Bennett, y su esposa, llegaron al hospital de Bahréin. Él pudo ayudar a Sharon Thoms a llevar a cabo sus cuidados médicos en el hospital.

Sam y Amy también recibieron buenas noticias de Arabia. El 22 de septiembre de 1905, Jim Cantine y Elizabeth DePree se casaron en Landour, India. Cuando la pareja regresó a Arabia, Elizabeth se trasladó de Bahréin a Mascate, donde Jim seguía supervisando la base de misión y dirigiendo la Escuela de Esclavos Libres.

En Michigan, Amy dio a luz a otra niña a quien pusieron por nombre Amy Ruth Zwemer,

igual que su madre y su difunta hermana. Todo
el año 1905 Sam se mantuvo ocupado viajando
y dando charlas por los Estados Unidos. Trató
de recaudar dinero para sostener la labor en
curso de la Misión Arábiga y retó a la gente con
la necesidad de enviar más misioneros para ganar musulmanes para Cristo. Mientras hacía
todo eso, Sam organizaba la conferencia de El
Cairo del año siguiente. Pidió a varios misioneros destacados que escribieran informes sobre
distintos asuntos relacionados con la obra misionera entre los musulmanes. Los trabajos serían luego presentados en la conferencia. Sam
casi había completado *La doctrina islámica de
Dios*, y esperaba que fuera publicado antes que
arrancara la conferencia.

En marzo de 1906, un año después de to-
marse tiempo sabático en Estados Unidos, Sam
partió hacia Egipto y la conferencia de El Cairo.
La conferencia se celebró en una gran casa se-
ñorial del centro de la capital. Al inaugurarse la
conferencia había sesenta y dos delegados que
representaban a veintinueve sociedades misioneras. Otros sesenta visitantes oficiales estaban
también presentes. La conferencia se inauguró
el 4 de abril con un discurso del doctor Henry
Jessup, quien animara y diera a Sam buenos
consejos al llegar a Beirut dieciséis años antes.
Ese mismo día Sam presentó un trabajo a la conferencia titulado *Estudios estadísticos del mundo
mahometano*. Como presidente de la conferencia,

también tuvo Sam que presidir reuniones en esos días. En esas reuniones, los misioneros que trabajaban en África, India, Arabia, sureste de Asia, e incluso Bulgaria, presentaron trabajos que versaban sobre varios temas relacionados con la obra misionera entre los musulmanes.

Cuando se clausuró la conferencia el lunes 9 de abril, todos los delegados estaban de acuerdo en que el tiempo pasado juntos había sido muy provechoso, y acordaron fijar otra reunión cinco años más tarde en Lucknow, la India.

Al finalizar la conferencia de El Cairo, Sam volvió a Estados Unidos contento y satisfecho. Estaba encantado de que la organización hubiera funcionado maravillosamente y resultara una conferencia útil y bien dirigida, y entusiasmado por la influencia que tendría en la futura labor misionera entre los musulmanes.

Capítulo 16

Un ministerio más amplio

De vuelta con Amy y su familia en Estados Unidos, Sam comenzó a escribir otro libro que se titularía *El islam, un desafío para la fe*. El libro resumiría todo lo que Sam había aprendido en la conferencia de El Cairo. Soñaba con centenares de jóvenes que lo leyeran y fueran enviados como misioneros a los musulmanes.

Aunque deseaba volver a Bahréin, Sam sintió la necesidad imperiosa de divulgar el mensaje de la evangelización de los musulmanes y reclutar más misioneros para el campo. Resultó que se le presentaron dos oportunidades para este propósito. La primera llegó cuando el Fennel Turner, director del Movimiento Voluntario Estudiantil en los Estados Unidos, contactó con Sam y le ofreció el cargo de secretario itinerante. El cargo conllevaría visitar campus de universidades y dar charlas en conferencias estudiantiles para educar, inspirar y reclutar estudiantes para el campo de misión. La segunda oportunidad llegó de la Iglesia Reformada. Su junta de misiones quería nombrarle secretario de campo de la junta de misiones en el extranjero.

Ambas ofertas eran atractivas para Sam. Ambas involucraban educar a los cristianos sobre el tema de las misiones y proporcionaban una gran oportunidad para darles a conocer las necesidades del mundo musulmán. Sam habló con Amy de las dos ofertas y ambos oraron fervientemente para discernir cuál de las dos aceptar. Como no pudo decidirse, Sam resolvió que a sus cuarenta años, y sintiéndose aún fuerte podía aceptar ambos cargos. Sabía que no sería fácil, pero asumió el reto. Se concertó un acuerdo entre ambas organizaciones. La junta de misiones de la Iglesia Reformada seguiría pagándole su salario de misionero, y el Movimiento Voluntario Estudiantil sufragaría sus gastos de viaje.

Al finalizar el año 1907, los Zwemer se trasladaron de la región de Holland, Michigan, a Mount Vernon, Nueva York, para estar cerca de la sede de las organizaciones con las que se había comprometido. Poco antes del traslado, Amy

dio a luz otra hija, a quien pusieron por nombre
Mary Moffat Zwemer, como la esposa de David
Livingstone, el famoso misionero y explorador
en África. Una vez que se asentaron en su nueva
vivienda, Sam comenzó a trabajar en su nuevo
empleo mientras que Amy se quedaba en casa
cuidando de sus cuatro hijos: Bessie de ocho
años; Raimundo de cinco; Amy de dos; y la recién nacida Mary.

Los primeros lugares que Sam visitó como
secretario itinerante para el Movimiento Voluntario Estudiantil fueron la Universidad de Yale,
la Universidad de Auburn y la Universidad de
Virginia. Después empezó a visitar sistemática-
mente otras universidades y seminarios de la
costa Este. Cuando era anunciado como confe-
renciante en distintas reuniones y conferencias,
Sam escribía las siglas inglesas FRGS (Miembro
de la Real Sociedad Geográfica) junto a su nombre. Después de intervenir, muchos de los que
se acercaban a oír sus charlas le confesaban
que habían asistido por su afiliación a la Real
Sociedad Geográfica. Sam sonreía al oír esta
confidencia y se acordaba de su visita a Sana'a,
Yemen, dieciséis años antes. Después de aquella visita, en el barco que navegaba hacia Adén,
varios oficiales británicos le animaron a solicitar su admisión en la Real Sociedad Geográfica.
Sam se alegró de haber seguido su consejo.

Desde los seminarios y universidades de la costa Este, Sam fue a visitar campus en Oklahoma

y Colorado. También viajó a Europa para asistir a la conferencia estudiantil de Baslow, celebrada en Inglaterra. Y por supuesto, también estuvo muy ocupado haciendo las funciones de secretario de campo de la junta de misiones en el extranjero de la Iglesia Reformada, dando mensajes sobre misiones en iglesias reformadas por todo el país.

Dondequiera que viajase, por tren o por barco, Sam aprovechaba el tiempo escribiendo. Sintió satisfacción cuando fue publicado *El islam, un desafío para la fe*, en 1907, que fue seguido por otros dos: *Los campos de misión desocupados de África y Asia* y *El Cristo musulmán*, que describe la idea que tienen los musulmanes y el Corán de Jesús. Después de publicarse éstos, siguió escribiendo.

El 17 de marzo de 1910, mientras seguía viajando por el país y ofreciendo charlas en iglesias y campus universitarios, Sam recibió la noticia de que su padre había fallecido a los ochenta y siete años. Toda la familia se apresuró en ir a Holland, Michigan, para asistir al funeral, en el que Sam pronunciaría unas palabras. Cuando fue sepultado el ataúd de su padre en el cementerio Casa de los peregrinos de Graafschap, Sam reflexionó en la gran influencia que había recibido de su progenitor. Adriaan le había inculcado —como a todos sus hijos— una fe cristiana fuertemente arraigada que sostuvo y guio todo lo que Sam hizo. Por ese legado, Sam se sintió muy agradecido.

En mayo de 1910, finalizó el doble compromiso de Sam con el Movimiento Voluntario Estudiantil y la junta de misiones en el extranjero de la Iglesia Reformada. Sam dio las gracias a Dios por la oportunidad de haber podido inspirar a miles de jóvenes a considerar el llamado al servicio misionero. También estaba agradecido por los que dieron el paso y aceptaron el llamamiento. Uno de ellos fue William Borden, en la Universidad de Yale. William era un joven rico y heredero del patrimonio Borden Dairy que declaró su deseo de ir a laborar entre los musulmanes de China. Otro fue Paul Harrison, estudiante de medicina de la Universidad de Johns Hopkins. Paul confesó a Sam que quería servir en el campo de misión más difícil del mundo. Cuando Sam le describió los desafíos de Arabia, Paul se ofreció para servir a la Misión Arábiga.

En el otoño de 1910, la familia Zwemer regresó a Bahréin. Por ese tiempo su hija Bessie tenía once años y Raimundo nueve. Después de mucha oración, Sam y Amy tomaron la penosa decisión de dejar a sus dos hijos mayores con amigos de Chicago para que pudieran completar su educación en los Estados Unidos. El 10 de septiembre de 1910, Sam y Amy y sus dos hijas, Amy Ruth y Mary, zarparon de Nueva York en el transatlántico *König Albert*. Llevaban cinco años lejos de Bahréin.

Después de un largo viaje, los Zwemer llegaron a Bahréin el 24 de octubre. Era agradable

estar de vuelta. Cuando Sam salía de permiso
en 1905, dieciséis misioneros servían en la Misión Arábiga. Ahora la misión contaba con veintinueve misioneros, y en cada base el ministerio
estaba creciendo. Sam se asombró al compro-
bar cómo había crecido el ministerio en Bahréin
durante su ausencia. El hospital seguía muy
activo atendiendo pacientes. Se habían añadido
dos nuevas casas de misión que alojaban a ocho
misioneros. Además, se había levantado un edificio de dos plantas con una capilla en el piso de
arriba y una escuela en la planta baja. Los niños y las niñas estaban separados y aprendían
árabe, inglés, matemáticas, geografía y ciencias.
Árboles y jardines adornaban la propiedad, pro-
porcionando una sombra muy estimada que ali-
viaba el calor del día. Para Sam era como un
oasis cristiano en medio de una tierra física y
espiritualmente seca y estéril.

La familia Zwemer se adaptó pronto a la vida
en Bahréin, aunque Sam seguía dedicando buena parte de su tiempo a viajar y participar como
orador en algunas conferencias. Una de ellas
fue la de Lucknow, en el norte de la India, continuación de la de El Cairo, celebrada cinco años
antes, en la que Sam también actuó de presidente. A la de El Cairo habían asistido sesenta y dos delegados representando a veintinueve sociedades misioneras. En la conferencia de
Lucknow, estuvieron presentes 166 delegados
en representación de seis países y cincuenta y

ocho sociedades misioneras. Sam se maravilló del desarrollo del evento. Una vez más, bajo su liderazgo, la conferencia resultó todo un éxito.

Viajando como orador de conferencia en conferencia, Sam se dio cuenta que su corazón ya no estaba en la obra cotidiana que se desarrollaba en Bahréin. Amaba al pueblo de Bahréin y una obra misionera en la que había desempeñado un papel tan importante, pero ahora deseaba trabajar de modo inter-confesional, informar a la Iglesia cristiana de la gran necesidad de evangelizar el mundo islámico y de inspirar a centenares de cristianos para unirse al esfuerzo misionero mundial en favor de los musulmanes. Para tal fin, Sam fundó una revista titulada *El mundo musulmán*. El primer número se publicó en enero de 1911 para que coincidiera con la conferencia de Lucknow. *El mundo musulmán* sería una revista trimestral diseñada para informar, inspirar y unir al mundo cristiano para evangelizar a los musulmanes.

Sam deseaba informar de forma más amplia a la Iglesia cristiana. Pero ¿cómo debía de hacerlo? En 1912 recibió la respuesta de varias juntas de misiones en El Cairo, incluida la Misión Presbiteriana Unida a Egipto, la Church Missionary Society y la Misión Prensa del Nilo. Gracias a su liderazgo exitoso en las conferencias de El Cairo y Lucknow y su capacidad intelectual demostrada en los muchos libros que había escrito sobre el mundo islámico, Sam fue reconocido como líder cristiano conocedor de la realidad del islam. Dado que El Cairo era considerado centro intelectual del mundo musulmán, en la encrucijada entre África y Arabia, tales juntas de misiones sugirieron a Sam trasladarse a El Cairo e instalar en la ciudad una base para profundizar en el estudio del islam. Los líderes de las sociedades misioneras sintieron que su presencia en El Cairo convertiría la ciudad en una especie de centro intelectual para que los cristianos y las sociedades misioneras enfocaran su obra evangelizadora entre los musulmanes.

A Sam le fascinó la propuesta. Empezó a pensar en las posibilidades que le ofrecería el vivir y trabajar en tal eje de actividad cultural como El Cairo. La única duda para llevar a cabo ese plan era que significaba dejar atrás la Misión Arábiga que él había ayudado a fundar. Mientras lo meditaba, Sam escribió a la junta de misiones de la Iglesia Reformada en los Estados Unidos. Estalló de alegría cuando recibió su respuesta. La Iglesia Reformada estaba dispuesta a permitir que Sam viviera en El Cairo y trabajara con otras denominaciones y organizaciones cristianas en tanto en cuanto visitara regularmente los Estados Unidos para representar a la Misión Arábiga en el país. Era la clase de respuesta por la que había estado orando.

A fines de septiembre de 1912 la familia Zwemer se trasladó de Bahréin a El Cairo. Un día después de Navidad, Sam escribió una carta de noticias a su familia y patrocinadores contándoles cómo iban las cosas.

Tres meses de residencia en esta gran metrópoli han confirmado mi criterio de que es un lugar estratégico en el mundo musulmán desde el que podemos influir en todos los países islámicos de manera constante e irresistible a través de la página impresa. . . Egipto se ha convertido prácticamente en un protectorado británico. El señor Upson y yo nos hemos entrevistado con lord Kitchener [cónsul general británico en Egipto] y él está completamente de acuerdo. . . Parte de nuestra literatura específica para los musulmanes ha sido traducida a lo largo del año e imprimida en la India, Sudáfrica, Persia y China.

Sam siguió explicando en la carta que se habían entablado negociaciones para adquirir un edificio nuevo y más grande para la Misión Prensa del Nilo y que estaba ocupado escribiendo una serie de folletos para los pueblos musulmanes. Uno se tituló *¿Ora usted?* Se hizo tan popular que la gente empezó a llamarle señor Ora usted.

Esa Navidad los Zwemer también hospedaron a William Borden, heredero de la fortuna Borden Dairy, guiado por Sam a las misiones. William estaba en El Cairo preparándose para viajar a China a laborar entre los musulmanes. Estando aún en El Cairo cayó enfermo y tuvo que ser hospitalizado. Sam y Amy le visitaron regularmente en el hospital y oraron por él. Le fue diagnosticada una meningitis cerebral. Su estado se agravó hasta que se produjo su muerte el 9 de abril de 1913. Un pequeño grupo de misioneros permaneció ante su tumba para honrar la vida de William. Sam presidió el sepelio y leyó un pasaje de *El progreso del peregrino* acerca de la muerte de la Verdad Valerosa. La noticia de la muerte de «Borden de Yale» resonó en todo el mundo cristiano. Poco después se empezó a construir en Lanchow, China, el hospital Borden Memorial en recuerdo de William Borden.

Sam editó en El Cairo su revista *El mundo musulmán*, sufragando la mayor parte del coste de su propio bolsillo. Estudió el islam y escribió libros sobre el tema desde una perspectiva cristiana. También colaboró estrechamente con la Misión Prensa del Nilo para producir literatura cristiana para musulmanes. Sam definió la página impresa como «hojas para la sanidad de las naciones». Creyó en el poder de la página impresa de este modo: «La página impresa tiene un valor único como medio para comunicar el Evangelio a los mahometanos. . . Abre un hueco en muchas puertas cerradas al testimonio vivo y puede proclamar el Evangelio de forma perseverante, intrépida y eficaz».

Aunque los Zwemer tenían su sede en El Cairo, Sam pasaba mucho tiempo viajando por el mundo pronunciando conferencias y asistiendo a ellas. En sus viajes, investigó grupos de musulmanes, conoció misioneros y descubrió cuáles eran sus necesidades. Llevaba literatura cristiana para musulmanes (publicada por la Misión Prensa del Nilo) dondequiera que iba.

En 1914, el estallido de la Gran Guerra en Europa, no tuvo mucha repercusión en Egipto. Los británicos mantenían un férreo control militar sobre el país. Aunque los aliados lucharon por arrebatar el control de Arabia a los turcos, las cosas permanecieron estables en Egipto. Sam siguió estudiando y escribiendo. Con la acumulación de tropas británicas y aliadas en el país, Sam fue requerido para predicar a las tropas, lo que hizo con agrado.

Aunque la guerra asolaba Europa, Sam hizo varias visitas para pronunciar alocuciones. La guerra complicó los viajes, especialmente cuando tuvo que viajar a los Estados Unidos para asistir a una conferencia. Debido a los repetidos ataques de los submarinos alemanes a los transatlánticos con pasajeros, Sam navegó hacia los Estados Unidos en dirección opuesta, por el océano Pacífico hasta la costa occidental, para desembarcar en San Francisco. No era la ruta más idónea para viajar a Estados Unidos, pero llegó a salvo.

Siempre que estaba en los Estados Unidos Sam visitaba y pasaba tiempo con Bessie y Raimundo. A ambos les iba bien y recibían una excelente educación. Le entristecía mucho tener que dejar a sus dos hijos y proseguir el viaje. Cuando podía, Amy viajaba con Sam a las conferencias y disertaciones. Sam disfrutaba de su compañía, su agudeza y su prudencia.

En 1924, Sam y Amy viajaron por tierra desde El Cairo a Bagdad para participar en una gran conferencia cristiana. Atravesar el abrasador desierto árabe fue extenuante, pero toda una experiencia que Sam y Amy saborearon. Cuando llegaron a Bagdad, Jim les estaba esperando. Sam se emocionó al ver a su antiguo amigo, y los dos pasaron tiempo juntos, orando, conversando y rememorando cómo la misión que ellos habían fundado había crecido y florecido en Arabia.

Desde Bagdad, Sam y Amy viajaron a Basora, la ciudad donde se conocieran veintinueve años antes. Después se dirigieron a Bahréin. Esta fue la primera vez que Sam ponía pie en la isla desde que la abandonara doce años antes y le impresionó lo que vio. La misión había seguido creciendo, se habían erigido nuevos edificios, las escuelas se habían extendido, y contaban con una imprenta en árabe, una biblioteca y una librería de la misión. Sam notó otra curiosidad en el horizonte de Bahréin —molinos de viento—. El primer molino de viento que hubo en la isla había sido erigido cuando Sam supervisaba la construcción del hospital. Fue diseñado para bombear agua potable a las instalaciones. Por aquel entonces, la mayoría de los residentes de Bahréin habían pensado que tal mecanismo era una locura, pero con el paso de los años, las actitudes habían cambiado. Los molinos de viento se habían convertido en la mejor manera de bombear el agua potable del subsuelo.

En abril y mayo de 1925, Sam visitó Inglaterra por veintitrés días. En ese tiempo pronunció treinta y seis disertaciones para audiencias que sumaban unas treinta y siete mil personas, lo que le granjeó el apodo de «El holandés volador».

Después del viaje a Inglaterra, Sam y Amy viajaron a los Estados Unidos. Toda la familia Zwemer se reunió en Alexandria, Virginia, para celebrar la boda de Bessie Zwemer con el reverendo Claude Pickens, joven ministro episcopal, el 27 de agosto de 1925. Sam y Amy estaban orgullosos de su hija, especialmente, por el marido que había elegido. Claude era un cristiano devoto y dinámico que deseaba ser misionero.

Después de la boda de Bessie y Claude, Sam y Amy viajaron a Europa para hablar en iglesias y dar conferencias en los Países Bajos, Dinamarca, Suecia, Finlandia, Alemania e Italia, antes de embarcarse en un navío rumbo a Egipto. En 1927, Sam viajó a los Balcanes para conocer mejor a los musulmanes que vivían en la región y buscar oportunidades para proclamar el Evangelio.

A principios de 1929, Sam y Amy habían pasado diecisiete años viajando por el mundo, animando, aprendiendo, escribiendo, conferenciando y orando por la obra misionera entre los musulmanes. Sam percibía una sensación creciente de que las cosas estaban a punto de cambiar.

Capítulo 17

El día sucede a la noche

Un día de otoño de 1929 Sam se sentó a escribir una carta a sus amigos de la Misión Arábiga.

Cuando llegó la llamada a salir de Bahréin y optar por mayores oportunidades y labores más amplias de la Misión Prensa del Nilo y formación de obreros en Egipto, las cuerdas de nuestro corazón se estiraron tanto que dejamos Arabia con gran lamento al separarnos del círculo de la misión. Pero, mirando retrospectivamente los diecisiete años de residencia en El Cairo como base para viajar y pensar en la evangelización del mundo musulmán, preparar y distribuir literatura, y favorecer de algún modo los planes de otras misiones pioneras en África y sureste de Europa, estamos convencidos de que ese llamado era de Dios.

Una vez más —no repentinamente, sino mediante una serie de providencias y llamadas al servicio— hemos mudado nuestra primera piedra a un nuevo centro donde humildemente confiamos que Dios nos use para realizar la misma tarea, aunque de manera diferente.

En su carta Sam se refería al cargo que había aceptado de ocupar la cátedra de historia de la religión y las misiones cristianas en la Universidad de Princeton, en Princeton, Nueva Jersey. Amy y él habían orado largo y tendido acerca de la decisión de dejar Oriente Medio y volver a los Estados Unidos como base de operaciones. Al final, Sam aceptó el cargo porque quería inspirar a algunas de las mentes más brillantes de jóvenes estadounidenses a asumir el reto de la obra misionera, especialmente entre los musulmanes.

Según el típico estilo Zwemer, Sam y Amy se embarcaron en su nueva función en Princeton. El Seminario Teológico de la Universidad de Princeton formaba parte de la Iglesia Presbiteriana. Ofrecía pensión completa a doce familias misioneras destacadas en distintos lugares del mundo que disfrutaban de un permiso en su país de origen. Sam se interesó especialmente por esos misioneros, y Amy solía invitarles para ofrecerles una comida casera y disfrutar de una estimulante conversación. Siempre lleno de ideas, Sam desarrolló poco después una conferencia de mesa redonda sobre misiones. A la conferencia semanal asistían los misioneros que allí residían y los estudiantes interesados en la obra misionera.

Sam siguió escribiendo libros y publicando la revista trimestral *El mundo musulmán*. Desde que comenzara a escribir, se las había arreglado para publicar un libro por año. Varios libros suyos que trataban el sufrimiento de las mujeres y los niños musulmanes, fueron escritos en colaboración con Amy. Y ahora que disponía de un despacho y una biblioteca bien abastecida, Sam escribió aún más. Una de sus obras más populares de ese periodo fue *El origen de la religión*, que sirvió de libro de texto para el curso que estaba impartiendo. El manual fue ampliamente utilizado en muchas universidades del mundo.

Sam también aceptó muchos compromisos como orador e hizo giras por todo el mundo. Estuvo en las islas británicas en el verano de 1932 y en el noroeste de China al año siguiente. Sam y Amy apartaron tiempo para pasarlo junto a su creciente familia. Por ese tiempo sus cuatro hijos ya estaban casados. Bessie y su marido Claude, eran misioneros en China. Raimundo completó sus estudios de medicina y asistió a las universidades de Yale y de Harvard. Amy se casó con un hombre llamado Homer Violette. Mary se casó con Robert Brittain, autor y poeta. Sus cuatro hijos proporcionaron a Sam y Amy quince nietos.

Los años de profesor en Princeton pasaron volando, y en marzo de 1936 la familia se reunió para celebrar el cuadragésimo aniversario de

Sam y Amy. Todavía gozaban de excelente salud y esperaban como matrimonio una larga y feliz jubilación. No obstante, menos de un año después, sobrevino la tragedia. Amy había viajado a Nueva York para participar en el aniversario de la junta femenina de misiones en el extranjero. Durante el evento, sufrió un ataque al corazón y tuvo que ser hospitalizada. Sam recibió una llamada telefónica que le reclamaba acudir urgentemente al hospital. Pero cuando llegó a Nueva York, Amy ya había fallecido.

Sam quedó profundamente afligido por la muerte de su esposa. Se descompuso y lloró recordando todas las experiencias que juntos habían compartido. Recordó la primera vez que viera a Amy —una joven y bonita enfermera— y cómo arrastró el mantel con la porcelana fina dispuesta encima de la mesa, en Basora; cómo la había ayudado a estudiar el árabe en Bagdad y se había enamorado de su serena determinación e inteligencia; su boda en el consulado británico; el nacimiento de sus seis hijos y la muerte de Katharine y Ruth en Bahréin treinta y tres años antes; recordó que Amy nunca se quejaba de los constantes viajes o de la necesidad de dejar a sus hijos en los Estados Unidos mientras ellos regresaban al campo de misión. Sintiéndose incapaz de rendir homenaje a la compañera de su vida, Sam le dedicó un poema:

Su amor fue como una isla
En el vasto y ancho océano de la vida,

Un refugio tranquilo y pacífico
Del vendaval, la lluvia y las olas.
Limitaba al norte con la esperanza,
Al oeste con la paciencia,
Con el tierno consejo al sur,
Con el descanso al este.
Por encima, cual faro luminoso,
Brillaba la fe, la verdad y la plegaria;
Y de la vida en sus variables escenas
Encontré cobijo en ella.

La familia Zwemer se reunió en Michigan para honrar la fe dinámica y el servicio cristiano de Amy. Fue enterrada junto a los otros miembros de la familia Zwemer en el cementerio Casa de los peregrinos de Graafschap. A los setenta años, Sam se sintió solo y a la deriva sin Amy. El centro educativo hizo una excepción con él, y le permitió enseñar un año más para que se adaptara a la pérdida repentina de su esposa.

Poco después de su retiro oficial como profesor de Princeton, Sam se trasladó a Manhattan, en la ciudad de Nueva York, donde alquiló habitaciones en el hotel Carteret, en la calle Veintitrés, junto a la Séptima Avenida. Aunque estaba oficialmente jubilado, parecía estar más ocupado que nunca. Sam predicaba en iglesias y conferencias, preparaba nuevos libros y folletos y se reunía con viejos amigos.

En septiembre de 1939, cuando la Guerra estallaba en Europa, Sam salió a cenar con Jim, quien también estaba retirado, cuya esposa había fallecido en 1927 después de una larga enfermedad. Jim invitó a dos mujeres a cenar con él y con Sam, y éste quedó fascinado con una de ellas, la señorita Margaret Clarke. Aunque Margaret solo tenía cincuenta años y Sam setenta y tres, la invitó a varios eventos y se enamoraron. Se casaron el 12 de marzo de 1940 y se trasladaron a un apartamento de la calle Treinta y Tres de Manhattan.

Sam se sintió agradecido por volver a tener esposa a su lado. A veces Margaret bromeaba diciendo que se había casado con una mujer más joven que él para mantenerse al día. Juntos, Sam y Margaret hacían un equipo formidable. En un mes viajaron dos veces por tren a través de los Estados Unidos, y Sam intervino como orador en cuarenta y cinco eventos y servicios.

En 1947, Sam cumplió ochenta años sin mostrar signos de fatiga o cansancio. Le siguieron llegando invitaciones para dar charlas y Margaret comenzó a hacer planes para viajar a Kuwait a celebrar el sexagésimo aniversario de la Misión Arábiga en 1949.

Cuando llegaron a Basora Sam se quedó un rato de pie, inmóvil, desconcertado, recordando. Hubiera deseado que Jim estuviera presente, pero había fallecido en 1940, poco después de su casamiento con Margaret. La ciudad había cambiado una barbaridad. Sam apenas pudo reconocer que era el lugar donde Jim y él habían abierto la primera base de la Misión Arábiga.

Desde Basora Sam viajó a Bahréin. ¡Qué gran transformación había experimentado! Torres de perforación petrolífera dominaban el horizonte, y por todas partes prevalecían los acondicionadores de aire junto a las ventanas de las casas. El Mason Memorial Hospital ya abarcaba un espacio considerable, en expansión, pero seguía llevando a cabo la misma misión: mostrar el amor de Dios a las personas mediante actos de compasión y servicio.

En Bahréin, Sam visitó el cementerio donde estaban enterradas Katharine y Ruth. Su tumba estaba invadida de hierbajos que él arrancó antes de elevar una oración. Sabía muy bien que el compromiso pleno de servir a Dios y proclamar el Evangelio solía acarrear un alto precio.

Desde Bahréin Sam viajó a Kuwait, donde conferenció en la celebración del sexagésimo aniversario de la Misión Arábiga donde fue invitado de honor.

Al meditar sobre su visita a Arabia Sam escribió: «Desafiado por la oportunidad de evangelizar a las comunidades árabes e inglesas, la misión requería de gran consolidación y oración que prevalece. La carga de Arabia es el islam, pero esa carga se está aliviando. La providencia de Dios y su Evangelio están actuando».

Sam y Margaret volvieron de Arabia a Nueva York, y poco después Margaret enfermó. Fue hospitalizada y su estado se agravó. Falleció el 21 de febrero de 1950, a los sesenta años.

Sam acompañó el cadáver de su segunda esposa a Michigan para enterrarla en el sepulcro familiar del cementerio Casa de los peregrinos. Él esperaba que ella le sobreviviera y le costó creer que realmente se hubiera ausentado. Pero siguió adelante. Escribió un artículo sobre su himno favorito: «Cristiano, ¿les oyes?». La letra de este himno fue compuesta por san Andrés de Creta en torno al año 700 de nuestra era. Sam halló especial consuelo en el último verso:

Cristiano, ¿les oyes hablarte lealmente «Siempre firme y velando, Orando vigilante siempre»? Cristiano, responde, valiente:
«Ruego mientras respiro»; La paz sucede a la batalla, El día a la noche sucede.

Por ese tiempo Sam sabía que el final de su vida se aproximaba, y escogió como lema el verso de ese himno que reza: «Ruego mientras respiro».

Un año después Sam asistió al sínodo general de la Iglesia Reformada en Pennsylvania. Durante el evento comenzó a sentirse mal. Un médico le informó que padecía una grave insuficiencia coronaria (del corazón) y que nada se podía hacer al respecto. Sam decidió seguir en combate hasta el final. Predicó en Nueva York, y en febrero de 1952 dio un mensaje en la conferencia de la InterVarsity Christian Fellowship, celebrada en Virginia. La noche después de su alocución tuvo que ser hospitalizado, y en marzo fue trasladado a una clínica de reposo, donde predicó a otros pacientes en los cultos dominicales.

El miércoles 2 de abril de 1952, Samuel Marinus Zwemer falleció tranquilamente diez días antes de cumplir ochenta y cinco años.

Después de un funeral conmovedor celebrado en la Primera Iglesia Presbiteriana de Nueva York, muchos leyeron las palabras que Sam había escrito cuatro años antes, destinadas a una conferencia en Inglaterra a la que no pudo asistir.

¡Cómo acercan los recuerdos las ocasiones en que nos conocimos y las felices horas dedicadas a la oración y la fraternidad cristiana! Ya he cumplido ochenta y un años y he pasado sesenta pensando en el mundo musulmán y sus problemas. Todo comenzó cuando firmé una tarjeta en 1886 manifestando el propósito de ser misionero en el extranjero. No me podía imaginar de qué maneras Dios me iba a guiar a Arabia y Egipto, y a través del mundo islámico, y usar mi pluma para llamar a otros.

«Con juicio y misericordia
Tejió el tiempo de mi vida
Y mis lágrimas de aflicción
Por su amor fueron bruñidas».[1]

Nunca he lamentado escoger un campo difícil y una tarea imposible. ¡Cuántas cosas han cambiado para bien y cuántas puertas se han abierto en Arabia desde 1890, y en toda Asia y África! La providencia de Dios ha sido tan

---

1 Bruñir, bruñidas: Sacar lustre o brillo a un metal, una piedra, etc.

palpable que todos pueden ver su propósito. No debemos perder la fe ni el coraje, sino ser sobrios, y permanecer firmes y diligentes hasta que se nos ponga el sol —o se levante su Hijo en su gloriosa venida.

Sus hijos acompañaron su cuerpo hasta Michigan, donde Sam recibió eterno descanso en la tumba familiar del cementerio Casa de los peregrinos de Graafschap. Su familia cantó su himno favorito: «La paz sucede a la batalla, el día a la noche sucede».

Arabian Mission Newsletters, 1892–1962. The Arabian Mission.

Jessup, Henry Harris. *Kamil Abdul Messiah: The Setting of the Crescent and the Rising of the Cross.* Philadelphia: Westminster Press, 1898.

Mason, Alfred DeWitt, and Frederick Jacob Barny. *History of the Arabian Mission.* New York: Board of Foreign Missions Reformed Church in America, 1926.

Report of the Fourth Decennial Indian Missionary Conference held in Madras: December 11–18, 1902. Christian Literature Society, 1902.

Scudder, Lewis R. III. *The Arabian Mission's Story: In Search of Abraham's Other Son.* Grand Rapids: Wm. B. Eerdmans, 1998.

Wilson, J. Christy. *Apostle to Islam: A Biography of Samuel M. Zwemer.* Grand Rapids: Baker Book House, 1952.

Zwemer, Adriaan. *Genealogy and History of the Zwemer-Boon Family: Recorded for His Children.* Harrisburg, PA: Nungesser, 1932.

Zwemer, Samuel Marinus, and James Cantine. *The Golden Milestone: Reminiscences of Pioneer Days Fifty Years Ago in Arabia.* New York: Fleming H. Revell, 1938.

El matrimonio Janet y Geoff Benge, marido y mujer, forman un equipo de autores con una experiencia de más de treinta años. Janet fue maestra de escuela elemental. Geoff es licenciado en historia. Naturales de Nueva Zelanda, los Benge prestaron servicio a Juventud Con Una Misión durante diez años. Tienen dos hijas, Laura y Shannon y un hijo adoptivo, Lito. Residen en Florida, cerca de Orlando.